JN231945

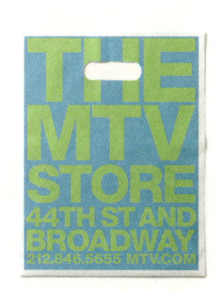

Pursoma

EDOBIO

Beauty blooms from the inside out. EDOBIO encourages cellular rejuvenation and gently revitalizes your skin, producing a radiant glow that stands the test of time. Return to a simple ritual, powered by biotechnology, to renew and enrich your skin.

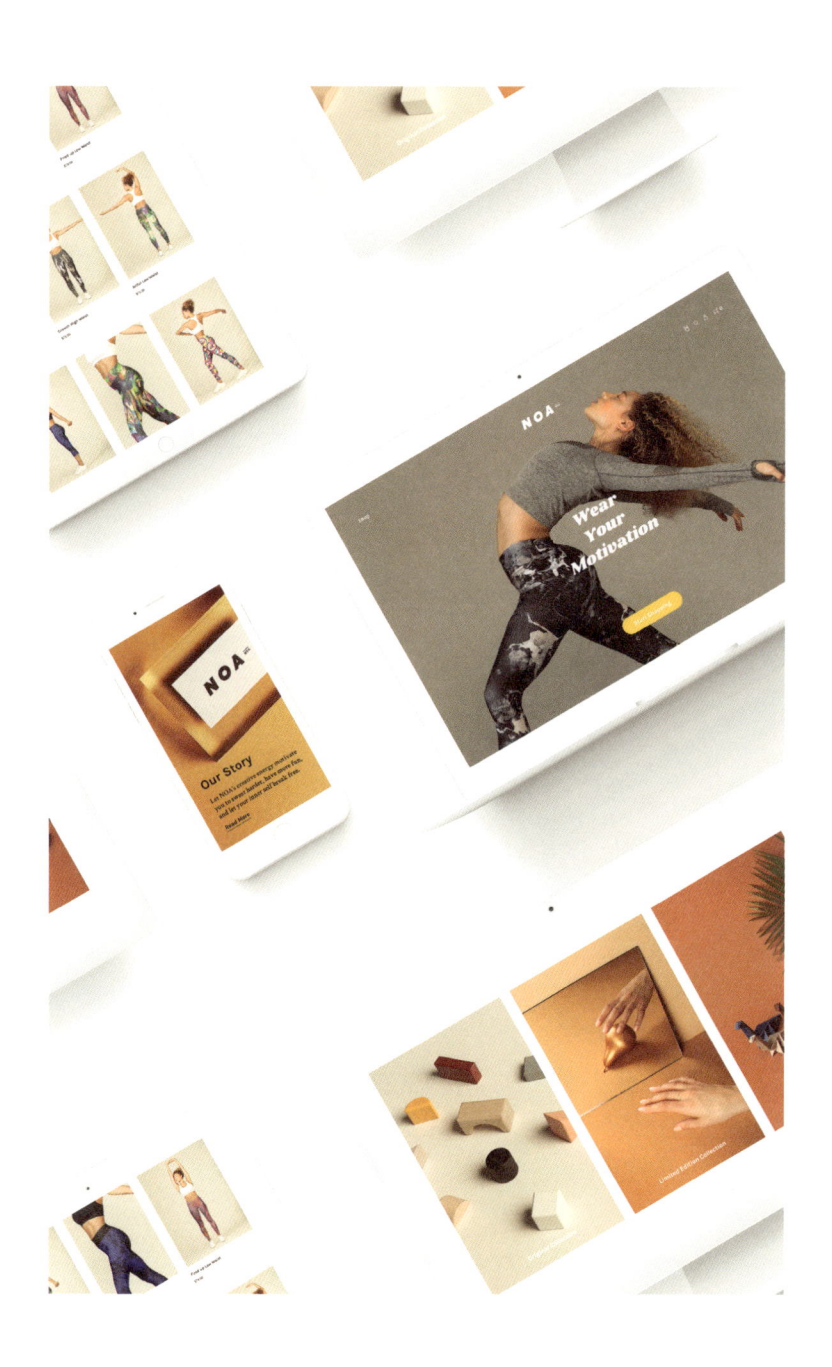

New York Design Strategies for Japanese Business: Winning in the Global Market

ニューヨークのアートディレクターがいま、
日本のビジネスリーダーに伝えたいこと
世界に通用するデザイン経営戦略

小山田 育 ｜ 渡邊 デルーカ 瞳

はじめに

　みなさんにとってビジネスの成功とは何でしょうか？

　私たちが目指す成功とは、ビジョンや強みを活かし、ビジネスに関わる人々がともにやりがいを感じながら収益を上げることです。そしてその結果、消費者や人々の暮らしも豊かになることです。

　夢のような話に聞こえるかもしれません。しかし、この成功を可能にする経営戦略があります。それはブランディングです。

　ブランディングと聞くと、高級ブランドにのみ必要なもの、自分には関係のないもの、と考える方が多いかもしれません。また、よく聞くけれども実際には何をしたらよいのかわからない、という方もいるかもしれません。この本はそのような方にこそ読んでいただきたいと思いつくりました。

　ブランディングとは、

● 戦略的に企業、商品やサービスの強みを引き出し

● 環境や時代、消費者のニーズを踏まえながら

● 消費者や社会に伝わるようなかたちで表現し

● 企業のブランド価値を向上させる

　経営戦略です。そして、ブランディングの最終ゴールは、**顧客ロイヤ**

リティの獲得。すなわちファンになってもらうことです。

　世界の経営者たちは、**ビジネスを成功させるにはブランディングが必要不可欠な経営戦略である**と認識しています。そのため、事業を立ち上げるとまずブランドの構築＝ブランディングをはじめます。そして、経営陣や専門家とともに、ブランディングの要「クリエイティブ」を統括するアートディレクターを事業戦略構築のはじめから起用し、ブランディングを進めていきます。

　日本でも最近、ブランディングやデザイン経営という言葉をよく聞くようになりました。しかし、まだまだその本質は理解されておらず、経営戦略として浸透していないのが実情です。残念ながら、ブランディングをする前にロゴやウェブサイト、内装をつくりはじめてしまう経営者や担当者が非常に多いのです。これでは一貫性のない世界観とメッセージを発信する、とってつけたようなつぎはぎだらけのブランドが出来上がってしまいます。このような状況からは、ブランドとしての成功、そしてグローバルな成功はありえません。

　この本では、ブランディング先進国であるアメリカ、ニューヨークを拠点に、世界の様々な国のブランディングに20年近く携わってきたアートディレクターとしての視点から、日本のビジネスリーダーのみなさんにブランディングを理解し、ご自分のビジネスに活かしていただくことをゴールとしています。クリエイティブの視点から、マーケターの書いた難しいブランディング書籍より気軽に、そしてデザイナーの書いたブランディング書籍より実践的に読んでもらえるようにつくりました。

　私たちのブランディングは最終アウトプット重視のDriven by Designスタイル。デザインをツールに問題解決をしていくブランディングです。日本でよくみられる「ブランディング」は、①ブランド戦略を立てても、デザインからの視点が欠如しているため、効果的な最終アウトプットができていない、もしくは②ブランド戦略がなく、土台のない状態でデザインだけするという表面的な解決策なので、経営戦略として機能していない、というもの。ブランディングは、「戦略」と「アウトプット」の両方が、クリエイティブで串刺しされてはじめて成り立つものです。どちらか片方だけでは、経営戦略としてのブランディングは成り立ちません。

　世界のビジネスはいま、優しい方向に向かっています。キーワードはConnection、繋がりです。ビジネスとは、働く人々がやりがいを感じ、楽しみながら自己実現をサポートする存在であるべきだと思います。そして、それにはブランディングが必要です。

　この本をきっかけに、みなさんがブランディングを経営戦略として取り入れ、ビジネスに関わる全ての人たちとともに楽しみながら愛されるブランドを構築し、ビジネスを成功させることができれば、こんなに嬉しいことはありません。

02

WHAT IS BRANDING?

OUR BRANDING PROCESS

CASE STUDIES

00

AS ART DIRECTORS IN NEW YORK

ニューヨークのアートディレクターとして

1

ニューヨークでの 20 年間

　エネルギッシュで刺激的な、人間味あふれる街、ニューヨーク。

　2001年9月11日、ワールドトレードセンターのテロが起こる前年に JFK空港に降り立ち、マンハッタンの中心に位置するSchool of Visual Arts（スクール・オブ・ビジュアルアーツ、通称SVA)[※1] のグラフィックデザイン科で、私たちが出会ってから約20年。そしてニューヨーク

※１　School of Visual Arts（スクール・オブ・ビジュアルアーツ、通称 SVA)
ニューヨークの芸術大学。グラフィックや写真、映画・ビデオなど新しいメディアアートの教育に力を入れており、その分野の第一人者を多数輩出している。

のダウンタウンでデザイン会社HI（ＮＹ）〔ハイ ニューヨーク〕を構えて11年経ちました。

ポートフォリオが何かさえわからなかった私たち

私（Hitomi）は、愛媛県の小さな田舎町で生まれ育ちました。子どもの頃から海外への憧れが強く、小学校卒業の際にヨーロッパの中学校へ行きたいと親に相談したほどです。さすがにそれには反対されましたが、親との約束通り高校までは日本で修学し、卒業後すぐに渡米しました。本場ニューヨークでデザインを学びたいと思い、高校在学中に本やインターネットで情報を集めました。相談できるような知り合いもいなかったため、とにかく自力でリサーチを続け情報収集しましたが、当時私は英語をあまり喋ることができず、何から何まで手探り状態でした。大学願書の書き方すら正しいかどうかわからず、必須であったポートフォリオ（作品集）に至っては、それが何かさえもわからなかったほど。もともと絵を描くことやデザインすることは好きだったため、過去につくったことのあるものや、新規にデッサンをしたものを集めてポートフォリオを作成しました。願書がちゃんと受理されたかどうかの知らせもないため、拙い英語で問い合わせたことをぼんやりと覚えています。幸いにも志望校だったSVAから合格通知をもらい、入学直前に渡米しました。

私（Iku）は、日本の大学でシステムエンジニアリングを学んでいましたが、プログラミングの授業がきっかけではじめたコンピューターグラフィックスで、たまたま在学中にデジタルアートコンテストの新人賞を取り、そのときに審査員だったグラフィックデザイナー松永真[※2]先生がかけてくださった「グラフィックデザイナーになったら？」という何気

※2 松永真
日本のグラフィックデザイナー。ニューヨーク近代美術館ほか世界各国86カ所の美術館などに多くの作品が永久保存。
ISSEY MIYAKE、スコッティ、仏たばこジタン、資生堂ウーノなど作品多数。紫綬褒章、亀倉雄策賞など受賞多数。

ないひとことを真に受け、デザインの世界に入りました。ポートフォリオが何かも知らない私は、よくわからない作品集を片手に、色々なデザイン事務所の門戸をたたき、大学卒業後は都内の広告代理店でアシスタントデザイナーとして働きました。私のグラフィックデザインの基礎は、そのとき上司だった女性アートディレクターから学びました。まだレイアウトを切り貼りしながら版下入稿していた時代です。その後、仕事をする上でやはり学校でグラフィックデザインを学びなおしたいと思い、どうせなら最先端のニューヨークで学ぼうと一念発起し渡米。語学学校で英語を学んだあと、憧れていたSVAに入学しました。そして、大学の初日にHitomiと出会いました。

デザイナー人生を決める運命的な出会い

SVAはキース・ヘリング[※3]などを輩出した美術大学で、教授陣も世界の第一線で活躍する現役のグラフィックデザイナー、アートディレクター、クリエイティブ・ディレクターがほとんど。とても刺激的な学習環境でした。卒業したらすぐ活躍できるようになるための実践的な授業が多く、生徒は「学校で学ぶデザイン」ではなく「実際に社会で通用する生きたデザイン」を学ぶことができます。特に業界での人的ネットワークの構築と、デザインによる問題解決という2点に力を入れている学校だったので、物ごとや状況を理解し、クリエイティブに考え、ビジュアルをツールにコミュニケートする（＝伝わるかたちに表現する）訓練をたくさん受けました。

そしてここで、私たちのデザイナー人生を大きく方向づける出会いがありました。それは、大学2年のときに選んだグラフィックデザイン

※3 キース・ヘリング
1980年代のアメリカ美術を代表するアーティスト。アンディ・ウォーホルやジャン＝ミシェル・バスキアとも親交が深かった。キースデザインのTシャツがユニクロで発売されたこともあり、日本での知名度も高い。

コースの講師であるステイシー・ドラモンドとの出会いでした。

　もともと大手レコード会社で長年クリエイティブ・ディレクターをしていた彼女のクラスは本当に刺激的で楽しく、大変でしたがやりがいのあるクラスでした。私たちは2人とも英語のハンデがあったため、その分人一倍努力をし、寝る間も惜しんで課題制作に没頭していました。ステイシーのデザイン感覚や人間性にすっかり惚れ込み、彼女からより多くのことを学びたいと思っていた私たちにとって、それは決して苦ではありませんでした。そんな私たちの努力と作品を大きくかってくれ、当時独立していたステイシーは主要クライアントであるMTVのインターンシップを紹介してくれました。在学中にインターンからパートタイムへ昇進し、そしてそのまま卒業後もMTVに就職しました。MTVでの作品は本書3ページをご覧ください。

強靭な精神力なしには生き抜けないニューヨーク

　アメリカで外国人が労働するということは、アメリカ人の雇用のチャンスを差し置いてまで、企業に雇いたいと思わせるということ。当時MTVは非常に人気の高い会社だったため、ここでのインターンシップ、ましてや就職の競争率はとても高く、そこにアメリカ人ではない日本人の生徒が選ばれたので大学内でも反感を買いました。「なぜアメリカ人の雇用のチャンスを奪って他の国の生徒に機会を与えるのか？」と他の生徒から学校側に抗議が上がったほどです。このときはじめて、自分たちが何者であるかを私たちははっきりと自覚しました。「アメリカ人ではなくアジア人である私たちは、マイノリティなのだ」と。単一民族国家である日本で、日本人として生まれ育ったので感じたことはありま

せんでしたが、アメリカでは黄色人種である日本人は社会的マイノリティ。そして女性である私たちは二重の意味で差別の対象なのだ、と実感することは恐ろしくプレッシャーでした。

しかし、さすがニューヨーク。ありがたいことに大学側のスタンスは実力第一、という徹底したものだったので、卒業までの約2年半、MTVからの継続的なリクエストにより他の生徒へインターンの機会は与えられず、私たちは卒業後もそのままMTVに就職しました。日本人コミュニティに属さず、アメリカだけれどアメリカではない特殊な街「ニューヨーク」で生きてきた私たちは、自分たちのアイデンティティで苦しむことも少なくありませんでした。お互い励まし合えたことが、何よりも心強かったことをよく覚えています。世界中から集まった、様々な文化や思想、バックグラウンドを持った人々が共存するこの街は、強靭な精神力なしでは生き抜けない場所なのです。

その数年後、ポップカルチャーを発信するMTVとはうってかわって、ラグジュアリー・ブランディングを強みとしたブランディング・エージェンシーにアートディレクターとして2人で転職しました。そして様々な国のホテルや高級コンドミニアム、リゾートや島などのブランディングに携わりました。ここでのプロジェクトのほとんどが驚くような価格帯のものばかり。自分たちがターゲット・オーディエンスではないプロダクトのブランディングを多く経験しました。

リーマンショックを乗り越えて

このように両極端のデザインやブランディングを経験した私たちは、

フリーランスとしての仕事が増えてきたのをきっかけに独立の準備をはじめました。同じ環境で学び、働き、切磋琢磨してきた私たちにとって自然な流れでした。しかし、辞めると予定していた数ヶ月前に起こったのがリーマンショック。不動産を多く扱っていたエージェンシーだったため、社員の大部分がカットされ、クリエイティブの部署は私たちふたりだけになってしまいました。そのため、独立を予定していたものの、迷いつつも残ることに。その後、無事HI（NY）を設立しましたが、景気が底をついたなかでの開業は決して生易しいものではありませんでした。

HI（NY）も今年で11年目。楽しいことだけでなく苦境も乗り越えてきました。いまは国籍もバックグラウンドも違う女性5人のコアチームや、外部のプロフェッショナルたちと組んで世界中の大小様々なプロジェクトを手がけています。本当にたくさんの人々に助けられてここまでやってきました。長年真摯に取り組んできたことを評価していただき、HI（NY）ブランドを築くことができ、感謝の気持ちでいっぱいです。

2

日本にも拠点をつくることを決意

　2013年9月、2020年のオリンピック開催地が東京に決定しました。
その頃はまだ、私たちのプロジェクトのほとんどが海外のものでした
が、日本ではオリンピック開催にともない、海外から訪れる観光客の更
なる増加を見越してのインバウンド=外国人をターゲットとしたビジネ
スが急増していました。HI（NY）でも、徐々に日本のプロジェクトが入

るようになり、2014年には日本在住のプロジェクト・ディレクターがチームに参画。日本のプロジェクトが更に増えていきました。

うまくいかない日本のインバウンドビジネス

　以前から日本の企業がアメリカ市場に進出する際に相談を受けることがあり、常々思っていたことがあります。それは、**日本人は素晴らしい商品をつくるのに、ターゲット・オーディエンスを理解していないので**「伝える」ことができていない、よってビジネスもうまくいかない、ということです。ここでいう「伝える」とは、商品をターゲット・オーディエンスに響くかたちに落とし込むこと。つまりブランディングのことです。こういった日本企業は、海外のマーケットでも従来の日本人をターゲットとしたやり方を採用してしまっています。そして、ターゲットを理解していないがために、見当はずれなチーム編成をしてしまい、ターゲットに刺さらない戦略でビジネスをしてしまうので結果が出せず撤退していくのです。

　日本のインバウンドビジネスでも、これと全く同じことが起こっていました。日本での「外国人ターゲット」のサービスは、海外からの顧客に合わせるのではなく、日本人が日本の常識や嗜好で考えた「外国人」をターゲットにしたものがほとんど。単一民族で中間層が圧倒的に多い日本人の感覚で、様々な国、民族、言語、宗教、収入、学歴などをもつ海外の顧客を「外国人」でひとくくりにしてしまわず、**効果的な顧客層に狙いを定め、相手の文化に合うかたちに「調整」して提供していくこと**がインバウンドビジネスを成功させていく上で重要です。それにはターゲット・オーディエンスを理解したビジネス経験が必須になります。

　例えば、売りたい商品が価格の高い高級品なら、その商品に興味を持ってくれる国や層の人にターゲットを定め、その人たちに響くアプローチの仕方をする必要があります。また売上だけでなく、その商品やサービスを売ることで解決したい問題があるのなら、ターゲットの求めるものを意識しながら付加価値をつけ、それを伝わるかたちに落とし込んでターゲットに共感してもらう必要があります。いずれもターゲット・オーディエンスを理解した上で構築される戦略です。

　しかしながら、日本国内には日本人以外の人々をターゲットとしたブランドづくりに特化した広告代理店やデザイン事務所、ブランド会社がほとんどなく、そもそも、欧米であたりまえになっている経営戦略であるブランディングも浸透していないことに気づきました。そこで私たちは、ブランディング先進国アメリカ、ニューヨークでの経験と視点を活かし、日本が世界中の人々からもっと愛され、また日本の皆様からも喜ばれるブランドを構築していくお手伝いができるのではないかと考えたのです。そして2016年、日本らしく外国人観光客を魅了する場所、京都に日本支店を立ち上げました。

3

日本と世界、デザインに関する考え方の違い

　多様で変化の速い現在のマーケットで、柔軟に自分らしく豊かにビジネスを成功に導いていくためには、ブランディングは必要不可欠です。しかし、日本のお客様ではじめから「ブランディングをしてほしい」とご依頼される方はまだあまり多くありません。実際にお話を伺っていく上で、まさに必要なのはブランディングだというケースも少なくなく、

漠然とした悩みから少しずつ遡っていくことで、クリアな最終地点とそこに行きつくためのプロセスが見えていきます。また、「ブランディングをしなくてはいけない」と感じて、私たちのところに来てくださるお客さまでも、実際お話をはじめてみると「……ところで、ブランディングとは何ですか?」と言いにくそうにおっしゃる方がほとんどです。

　2016年に日本に支店を設立し、日本でのプロジェクトが増えるなか、私たちがはじめにぶつかった壁は「日本ではブランディングが正しく理解されていない」ということでした。そして、なぜ日本ではブランディングが正しく理解されていないかを考えたときに、その根底にあるのは日本での「デザイン」の解釈が他の国々と異なっているからだということに気がつきました。ここの違いを理解していないと後のブランディングの説明がすっきりと入ってこないと思うので、まずはここから説明させていただきたいと思います。

「デザインする」とは見た目の良いものをつくること?

　前述したように、私たちが卒業したニューヨークの美術大学では、デザイン=問題解決の手段だと教えられ、その能力を伸ばすような授業をたくさん受けてきました。ですので、私たちにとって「デザインする」ということは、

● クライアントをよく観察し

● 課題や問題点や強みを見極め

● オーディエンスや時代、市場を考慮し

● 問題解決する方法を柔軟にクリエイティブに考え出し

● それを可視化して伝わるかたちに落とし込んでいく

ということです。それに対し日本の「デザインする」ことは、この最後の
プロセスの一部である「見た目の良いものをつくること」であると考え
られているようでした。このギャップが理解できると、縺れていた糸が
スルスルとほどけていくように、他の疑問点もだんだん理解できるよう
になりました。その1つに、日本の一般的なデザイン事務所の料金設定
が低い、というものもありました。これは「デザイン事務所」として仕事
をしてきた私たちにとっては大きな驚きでした。

　私たちはニューヨークを拠点に、アメリカ、ヨーロッパ、南米、中東、
アジアと様々な国のプロジェクトに携わってきました。そして、HI（NY）
のことを説明するときはいつも、HI（NY）は "Design Studio" です、と説
明してきました。日本語でいうところの「デザイン事務所」です。

　コカコーラのような大企業、フォーシーズンズのような高級ホテルや
リゾート、国連といった国際機関から、小さな個人経営のお店まで、私
たちのクライアントは実に様々。依頼される仕事内容はいわゆる「ブラ
ンディング」や「デザイン」です。しかし、仕事をするにあたって、一度
たりとも私たちの仕事内容と「デザイン事務所」という肩書きにギャッ
プを感じたことはありませんでしたし、クライアントのほうでもデザイ
ン事務所がブランディングやデザインを通して問題解決をするというこ
とは至って普通のことなので、問題が生じたことはありませんでした。

　ところがそれは日本では全く通用しませんでした。私たちがいままで
してきた内容の仕事を請け負うのは日本では主に広告代理店です。しか
し、日本での「デザイン事務所」の主な役割が先ほどの、表面的に「見た

目の良いものをつくること」だと考えられているのであれば、納得できます。一般的なデザイン事務所では「見た目の良いものをつくること」を求められ、それより深い、状況分析して問題解決していく部分は広告代理店やブランドコンサルタントなどの仕事とみられているようでした。ですから、日本での「デザイン」はつくり手が先述の「本来のデザイン」をしているか否かに関わらず、受け手が狭い意味でのデザインとして認識しているので、そこの部分にしか対価が支払われていないというのが現状でした。

　この何十年も培われた日本のデザイン観を覆すのは、パラダイムシフトを起こすのと同じこと。しかしながら、グローバル化が進み、どんどんクリエイティブになっていく世界の市場に日本企業が切り込んでいく上で、柔軟な思考で問題解決をする手段としてのデザインやブランディングを、有効な経営戦略としてビジネスに組み込めていないことは非常に大きな痛手です。

　日本でも本来の意味での「デザイン」が正しく理解され、学校などの教育機関で若い世代にきちんと教えていくことは重要な課題だと思います。日本の次世代を担う子どもたちが、めまぐるしく変化していく環境や社会で生き残っていくためには、固定観念にとらわれず、クリエイティブに問題解決をしていく力が必要です。「本来のデザイン」をしていく上で必要な、社会を先読みする力、洞察力、柔軟性といった力を学ぶことが可能になり、どんな状況でもクリエイティブに解決していける人材の育成は、日本の豊かな未来につながることだと思います。

デザインによる問題解決

　私たちにとって主要クライアントの1つであり、一番長くお付き合いをさせていただいて
いるクライアント、米国コカコーラ。

　コカコーラの象徴であるコカコーラボトル、The Contour Bottle（コンツアーボトル）の生
誕100周年を記念して、世界各国のアーティストがデザインした100枚のポスターを使った
キャンペーン、#MashupCokeプロジェクトが行われました。

　このプロジェクトは、コカコーラが世界15カ国の130を超えるアーティスト/エージェン
シーにポスターデザインを依頼し、そのなかからキャンペーン用の100枚を選ぶという、い
わばコンペ形式のものでした。ポスターデザインは何種類提出してもOK。他社はたくさん
のデザインオプションを提出していたようですが、私たちは1枚のポスターを時間をかけて
丁寧に仕上げることにしました。アーカイブにあるそれぞれの歴代コカコーラポスターか
ら、象徴的なモチーフを選び、それをシンプルな線画として描き、アートワークをつくって
いくことにしました。出来上がったのが本書1ページに掲載されているポスターです。

　250枚以上のポスターが提出されたなか、私たちのポスターは100枚のうちの1枚に選
ばれ、さらにそのなかの100周年キャンペーン商品開発用のアートワークにも選ばれまし
た。ポスターはアトランタの現代美術館High Museum of Artに展示され、またAssouline
のアートブック、moleskineのノート、FRENDSのヘッドフォン、Roototeのバッグなど様々な旬
のブランドとコラボした商品となり、パリのセレクトショップColette（コレット）をはじめ、
世界中で販売されました。

　このとき、コカコーラのクリエイティブ・ディレクターに言われてとても興味深かったの
が、私たちのアートワークが選ばれた理由。それはHI（NY）のアートワークが、どのポスター
よりも、コカコーラの提示した全ての課題を解決していた、ということ。

解決しなくてはならない課題というのは、

・テーマ「universal happiness and stubborn optimism」(世界中のみんなの幸せと、頑固なまでの楽天主義)を体現したポスターであること
・色は、コカコーラの赤、黒、白だけ使用すること
・歴代のコカコーラポスターをインスピレーションとしてデザインすること
・コカコーラのブランドイメージに沿っていること

　長年仕事をさせていただいていた米国コカコーラですが、この大抜擢をきっかけに「問題解決」が必要な新しい商品ラインのブランディングや、新しいコンセプトのボトルパッケージのデザイン(本書2ページ参照)など大きなプロジェクトの依頼が増えました。私たちのような小さなデザイン事務所でも、こんなに大きな仕事を任せていただけるのだと、米国コカコーラの柔軟さに感動し、とても光栄に思いました。

4

世界のなかの「日本」

　ニューヨークを拠点に20年近くにわたり、アートディレクターとして世界中の様々な経営者たちとのプロジェクトに携わってきたなかで、世界のなかの「日本」がはっきりと見えてきました。

日本の強みと弱み

　世界のなかでの、ビジネスにおいての日本の強み。それはなんといっても日本の**技術力の高さ、商品の品質の高さ**です。

　では、日本の弱みとは何でしょうか? 世界における日本の絶対的な弱み。それは**伝えることが不得意**だということです。

　日本には、世界中の人々がファンになってしまうような素晴らしい商品やサービス、またそれを生み出す高い技術があります。しかしながら、その素晴らしい商品やサービスを「消費者の視点」で「伝わるかたち」に落とし込むこと、アウトプットができていません。

　よくみられるのが自分の商品に誇りをもっており、絶対の自信があるがゆえに放っておいても売れると思い込んでしまっている場合。残念ながら、商品の良さが伝わらなければ手に取ってすらもらえません。特に、販路にオンラインが加わり、消費者が広範囲の情報にアクセスして比較することが容易になったことで、一目でその商品の良さや世界観を伝わるようにすることは必須事項になりました。第一印象で消費者の心を掴めなければ、簡単にスルーされ、どんなに素晴らしい商品でも試してもらうことすら叶いません。それはとてももったいないことです。

　また、ブランディングやデザインで商品を良く見せようとするのは、商品に自信がなくクオリティの低さをごまかすためにするものだ、よって自分の商品は高品質なのでブランディングやデザインでごまかす必要がない、と思っている場合。ブランディングとは、その商品の本質や価値を引き出し、思いや強みをターゲットとなる消費者層に正しく伝わるかたちに表現すること。つくり手の一方的な思いや、自己満足に陥った表現では、決して消費者の共感を得ることはできません。時代や環境、

消費者のニーズを踏まえながら、ターゲットとなる消費者層がつくり手の思いやサービスに共感できるよう、ヴィジュアルをはじめ様々なアプローチで消費者に「伝える」努力をしなくてはなりません。

日本人はなぜ「伝える」のが苦手なのか

それでは、なぜ日本人は伝えるのが苦手なのでしょうか? それには2つの大きな理由があると思います。

1つめは、日本人は成長の段階で、自分の意見を伝えたり自分を表現したりする機会が圧倒的に少なく、自己主張や自己表現することに慣れていないからです。他の国々、欧米だけでなくアジアの子どもたちも、家庭や学校教育のなかで自分の軸で物ごとを考え、自分の意見を持ち、その意見を他者に伝えることを学びながら育ちます。アメリカでは、異なる立場に分かれてそれぞれの意見を議論するディベート(debate)はとても重要で、学校教育のなかにも日常的にこのディベートの訓練が組み込まれています。勘違いしやすいところですが、ディベートの目的は、相手を打ち負かし論破することではありません。あくまでお互いを尊重しながら異なる価値観を論じ合うものです。気持ち良く後腐れなくお互いの意見を伝えあうこと。これは教育と訓練の賜物だと思います。

一方、日本で自己主張や自己表現の機会が少ない理由は、日本が昔から村社会で、社会の秩序を重んじる傾向があり、個人より集団や社会の意思を優先するところにあると思います。日本では自己主張をすることは美徳ではありません。ですから、学校教育や家庭でも、個人の個性を伸ばすことよりも社会に適合することを教え、子どもたちはいかに秩序を乱さないかを学んで育ちます。確かに他人を慮り、思いやることはと

ても素晴らしいことです。けれども、自分を受け入れ大切にし、自分らしく自由に表現できることはもっと大切なことだと思います。

　日本人は伝えることが不得手ですが、他の国の人々と比べて表現する資質がないということではありません。単に、**自分の意見をもち、自己表現をする機会がなく慣れていないだけのこと**。これからテクノロジーの進化が加速しAIが導入され、人間にとって柔軟にクリエイティブに考えること、表現することがますます重要になっていきます。変化の激しい時代を乗り切るには、個性や強みといった唯一無二の「自分らしさ」は最大の差別化ポイントです。他者と意見を論じあうには、自分の一貫した矛盾のない意見が必要です。それには、**社会や他者の定めたスタンダードではなく、自分の軸で考える必要があります**。「正しい」「間違っている」と答えが決まっている意見はありません。日本人の美徳である謙虚さを生かして、自分とは違った価値観をも尊重しつつ、自分軸で考え、自分の意見を大いに表現できる機会や環境をより多くつくっていくことは日本の重要な課題の1つだと思います。

　日本人は伝えるのが苦手な理由、その2つめは日本語の言語文化の性質です。

　日本語はハイコンテクスト（High-Context）な言語であり、英語はローコンテクスト（Low-Context）な言語です。ハイコンテクストとはコミュニケーションの仕方を説明する概念で、対となるのがローコンテクストです。コンテクストとは、直訳すると文脈や前後関係のことで、ここではコミュニケーションをする際の基盤となる共通の文化、環境、価値観や考え方などです。

　ハイコンテクストな言語では、コミュニケーションを理解するために、文化、環境、価値観、考え方などが共通である、という前提があってはじめて相手に物ごとが伝わります。ですから、すでに共通の文化、価値観、考え方があるので、物ごとを伝えるために言語に依存する（言葉で正確に表現する）度合いが少なく、ニュアンスで伝わります。いわゆる行間を読む、といったことです。逆にいうと、コンテクストに依存しているので、共通の文化や価値観を持っていない相手とのコミュニケーションは難しくなります。

　例えば、以下のメール。

「請求書をお送り致します。ご査収の程、どうぞよろしくお願い致します。ご多忙のところ恐縮ですが、早急にご対応いただけると幸いです」

　文脈を読まずに書いてある通りの意味で理解しようとすると「請求書が送られてくるのはメール? 郵送? 」「その請求書で何をしてほしいの? 」「対応って何をすればいいの? 」「早急ってどのくらい急げばいいの? 」とたくさんの質問がでてきます。

　うってかわって、英語で同じ内容を伝えるときのメール。

Please see the attached invoice and make a payment by April 30th.
（添付の請求書を確認し、4月30日までに支払いをしてください。）

　できるだけ早く（at your earliest convenience）などとも言いますが、実際に期日があるときは、請求書に記載してあっても明確にメール上で伝えます。

　期日に支払いが行われなかった場合。日本語の場合、メールには期日が書いていないけれど請求書にそれが書いてあるならば、文脈を読む力のなかった読み手のミスになります。しかし、英語の場合は書き手が明

確さに欠けていたということで、書き手のミスとなります。

　この概念を提唱したアメリカの文化人類学者エドワード・T・ホールによるハイコンテクストな言語文化の特徴は下記の通りです。

● 重要な情報でも言葉に表現されないことがある

● 曖昧な表現が多い

● 論理的でなくても柔軟な解釈が許される

● 多くを語らなくて良い

● 感情的に意志決定される

　反対に、英語をはじめとする、ローコンテクストな言語文化の特徴は、

● 必要な情報がすべて言葉で表現されている

● 直接的でわかりやすい表現をする

● 論理的で正確な解釈が求められる

● 沈黙は評価されず、より多く話すことで評価される

● 論理的に意志決定される

　この2つの言語文化の最も大きな違いは、話し手/書き手、または聞き手/読み手のどちらに理解の「責任」があるか、ということです。

　ローコンテクストな言語は、共通な文化、環境、価値観、考え方を持たない相手でも、その共通認識に依存しないので、話し手が言葉だけで明確に、シンプルに、正確に伝えることが求められます。よって、話し手が努力して言葉だけで伝える努力をしなくてはならないということで

す。**伝わるということは相手が正確に理解する**ということ。伝わらない場合は話し手/書き手の責任で、発信する側に能力がないとみなされます。

　一方で、ハイコンテクストな言語は、伝わるかどうかは「行間を読む」というように聞き手の想像力、洞察力、読解力といった感度による解釈に委ねられ、伝わらない場合は聞き手/読み手の責任となります。ですので、話し手が伝える努力をする必要はあまりありません。

　英語や相手の言語を話せるかということももちろん重要ですが、それよりもこの「伝えようと努力する姿勢」に違いがあると思います。日々、相手に正確に伝わることを意識している人たちと、していない人たちでは伝える能力に差が出るのは当たり前のこと。大切なことは、違った言語文化を背景に持つがゆえに**伝えることが不得意であることを認識して、伝える努力をしていく**ことです。

　私たちの暮らすニューヨークは世界で最も多様な人種のいる場所。パーソナルギャップもカルチュアルギャップも含め、想像をはるかに超える価値観の違いに常に驚かされます。ここで、全く違ったバックグラウンドの人々とビジネスをするには、シンプルに明確に、解釈違いが起こらないようなコミュニケーションが必須で、伝えることには細心の注意が必要です。これはビジネス一般に言えることですが、特にグローバルな時代に突入していくなか、「シンプルに明確に正確に伝える」ことは円滑なコミュニケーションや人間関係を構築していくために必須です。それをクリアした上で、ハイコンテクストな言語文化ならではの優れた非言語コミュニケーション（言葉以外のコミュニケーション）能力を活かしていければ鬼に金棒なのではないでしょうか。

慎ましさはハンデ？ 美徳？

本文でも説明したように、日本人は自分をアピールするのが不得意です。

　私たちが学んだニューヨークの美術大学の授業はプレゼン形式でのCritique（批判をし合うもの）が多く、そのなかで驚いたのは他国の生徒たちのアピール力でした。子どもの頃からDebate（討論すること）を重視した教育を受けてきたアメリカ人の生徒たちはもちろんのこと、ヨーロッパ、中南米、中東、そして他のアジアの国々からの生徒たちも、自分の意見を持ち、自分の作品を全力でアピール。うってかわって私たちを含む日本の生徒たちはモジモジ。アピール力は足元にも及びませんでした。しかし興味深いことに、だんまりを決め込んだ日本人生徒の作品のクオリティは他の国の生徒よりも軒並み高いのです。厳しいことで有名な教授のクラスで、鼻高々でプレゼンしている某国の生徒の作品は「え、そんな作品でアピールしちゃって怖くないの？」と思うようなもの。（こんなことを言ったら怒られてしまいますが……。）結局、教授に色々と指摘されて引き下がりましたが、何ごともポジティブに捉えるその自信は羨ましいの一言でした。とはいえ、ビジネスにおいては日本人のこの慎ましさはハンデとなり、グローバルな競争環境で勝ち残っていくことはできません。

　しかしながら、謙虚さは日本人の美徳でもあります。"Me!Me!Me!"と自己主張し過ぎるのではなく、日本人の良さも失わず「自分らしく」アピールする自分ならではの方法を見つけ出すことが大切ですね。

SELLING VISIONS, NOT JUST PRODUCTS

モノよりビジョンを買う時代

1

世界のビジネスの流れ

個性豊かな中小企業の時代

　私たちが日々、大小様々な企業のブランディングに携わるなか、いままで出会ったことのないような個性的なビジネスに触れる機会が非常に多くなってきました。固定観念に囚われず、市場さえも柔軟に飛び越え、ものすごい速さでグングン進んでいくワクワクするような新しいビ

ジネス。ITの進化により起業の敷居も低くなり、既成概念ではありえなかったビジネスがつくりだされ、いままでの感覚では想定していなかった企業が競合になったり、競合だった企業が手を組んで協力しあったりと、とてもユニークな時代です。

　いままでは標準的で似通ったビジネスが多く、市場で勝ち続けるために価格を下げ品質を上げることで競っていくという血みどろの戦いが行われてきました。このような競争では、会社の規模が大きいことで優位に立てることが多く、会社は大きい方が良いという感覚が当たり前になっていました。

　しかし長年主流であった、競合をリサーチし、市場を分析し、差別化を図って競争優位を勝ち取る競争戦略型の市場にフォーカスするビジネスのやり方が時代の流れに合わなくなってきました。そのかわりに、企業や商品/サービスの持つ強みや個性、大切にしたいと思っている理念、社会的な存在意義などといった、その会社の「らしさ」であるCore Values（コアバリュー：中核となる価値）に焦点を当て、その価値を押し出したビジネスがどんどん増えています。他社と比較して相対的な価値をつけるのではなく、その会社らしい唯一無二の絶対的な価値を持ったビジネス。どんな人もかけがえがなく、その人がその人らしくいること以上の魅力はないように、会社がその強みを活かしてその会社らしくビジネスをすること以上の差別化ポイントは存在しません。そのためには、社内で密なコミュニケーションをとりながらビジョンを共有し、足並みをそろえて従業員一同ともに進んでいくことが何よりも大切です。

　その会社らしい個性的なビジネスを実現させるには、大企業よりも中小企業の方が有利だと言えます。

小さな巨人

　ビジネス雑誌Forbesやファイナンシャルタイムズ紙をはじめ、世界中で取り入れられ定着している「Small Giants スモール ジャイアンツ（小さな巨人）」という定義があります。スモールジャイアンツとは、アメリカのビジネス・ジャーナリストであるBo Burlingham氏による著書『Small Giants』のなかで提唱され、大企業のように大きな規模ではなく**小さい規模でいることを選び、素晴らしいビジネスを追求している中小企業**のことを指しています。

　このスモールジャイアンツには3つの柱があります。

①Integrity（正直であること）：間違ったイメージを打ち出さない

②Professionalism（プロ意識）：顧客に約束したことは必ず守る

③Human Connection（人間関係）：従業員の人間らしい関係の構築

　そして、スモールジャイアンツの特徴のうち特筆したいのは**「その会社らしい商品やサービスであること」「社会貢献の要素を持っていること」「従業員が人間らしい人間関係を構築していること」**。2006年に出版された本ですが、まさに世界のビジネスが向かっている理想のかたちを示しています。

優しい未来に進む世界のビジネス

ITの急速な進化とソーシャルメディアの普及で、情報化社会は目まぐるしく進化しています。誰もが国や時間を超えて瞬時に情報を受け取り、発信できるようになったことで、世界がぐっと身近になりました。情報が増えることで、世界の消費者はいまだかつてないほどに社会に対する意識が高くなり、企業に対してもビジョンやミッションをもっていること、明確にその立場を公言することを求めるような時代になっています。そして、商品、サービス、ビジネスが持続可能であること、人に優しいか、環境負荷が少ないか、などといったCSR（Corporate social responsibility=企業の社会的責任）を果たしているかを重要視するようになりました。ミレニアル世代（Millennials：1981-1996年生まれ：2019年に23歳-38歳）の10人中9人が、商品やブランドのビジョンに共感できるか否かによって、購買するブランドを選んでいるという事実も明らかになっています[※]。

そして、企業も経済活動を成功させ金銭的な利益を上げるためだけのビジネスにとどまらず、社会問題や環境問題の解決、より良い未来の創造を目指した、利他的なビジョンやミッションを掲げたビジネスが増えています。

例えば、ノーベル平和賞を受賞したバングラデシュの経済学者、グラミン銀行のMuhammad Yunus氏が提唱した、社会問題の解決を目的とした新しいビジネスのかたち、ソーシャルビジネス。貧民層向けの小口融資や貯蓄などを取り扱い（マイクロファイナンス）、貧困問題の解決と事業収益を実現させました。経済活動の成功はもちろんのこと、社会の問題を解決したい、人のために何かをしたい、利益を社会に還元して

※ 参考；
Cone Communications Millennial CSR Study：http://www.conecomm.com/research-blog/2015-cone-communications-millennial-csr-study

モノよりビジョンを買う時代

共存共栄していきたい、という優しい姿勢を持った企業が世界中に増えているのはとても喜ばしいことです。

他には国連が推奨するESG投資。Environmental（環境）、Social（社会）、Governance（企業倫理/ガバナンス）の略で、環境や社会のために良いことをしている企業に対する投資です。

逆に言うと、環境問題、社会問題、企業倫理/ガバナンスを考慮しない企業にはお金が集まらないということ。ビジネスでの経済的な成功はもちろんのこと、社会問題や環境問題の解決を無視しては世界でのビジネスが成り立たない時代になってきたと言えます。日本でもこの動きは徐々に広まっていますが、特にグローバルなビジネスを視野に入れている経営者の方たちは、このポイントを押さえておく必要があります。

#DeleteUber運動

　自動車配車アプリの大手、Uber（ウーバー）。アプリで行き先とピックアップしてもらいたい場所を指定すると、ピックアップまでの時間、所要時間、ルートや料金が瞬時に分かり、自分を迎えに来る車がどこにいるかもライブで分かります。支払いも登録してあるクレジットカードで自動的に済むので非常に便利。運転手と客が相互でレビューをつけ合うので、レビューの悪い運転手も客も排除されていきます。特にニューヨークでタクシーに乗ると、わざと道を間違えるドライバーがいますし、支払い時のチップ計算は面倒。これらの問題が解決されたUberは瞬く間に普及しました。

　しかし、革新的で非常に人気のあったUberですが、ひとり勝ちすれば良いという世界各国のタクシー業者をないがしろにした利己的なやり方や、他国の法令を軽視するような姿勢、性差別や人種差別的な政治スタンスなどで批判と反発を呼び、スマホからウーバーアプリの削除を呼びかける「#DeleteUber」運動にまで発展し、約20万人のユーザーを失いました。私たちもUberアプリを消したユーザーのふたり。

　この一連の事件でUberのブランドイメージは最悪に。ブランドイメージが地に落ちるということはビジネスにとっては破滅の危機と言っても過言ではありません。

　この後のUberのブランドイメージ回復大作戦は、P.163のCoffee Breakで。

2

情緒的な価値を「伝える」ために

　商品のスペック（機能的価値）だけでなく、商品やそのつくり手に共感できるか（情緒的価値）が重要になってきている時代。企業独自の強みを活かした個性豊かな商品やサービスで差別化されたビジネス、社会問題や環境問題の解決を目指したビジョンやミッション、ソーシャルビジネスの要素を含んだビジネスなど、情緒的な価値を重視するビジネス

の増加に伴い、取り組まなければならない課題があります。それは、これらの情緒的価値をアウトプットしていくということ、伝えていくことです。

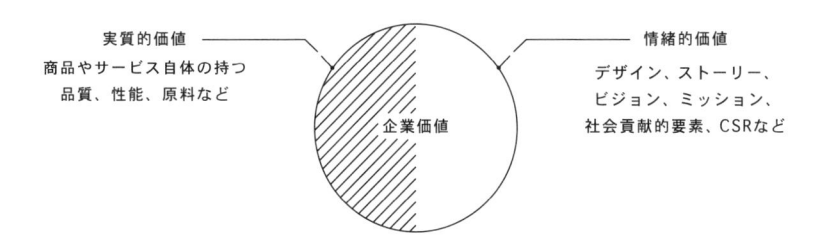

実質的価値 —
商品やサービス自体の持つ
品質、性能、原料など

企業価値

情緒的価値
デザイン、ストーリー、
ビジョン、ミッション、
社会貢献的要素、CSRなど

　商品やサービスならば、その個性や強みを知ってもらい、消費者の手にとってもらい、更にはファンになってもらう必要があります。また、ビジョンやミッションをさほど関心のない消費者に理解してもらう必要があります。さらにその実現には、共感やサポートなど人を巻き込んでいく必要があるのです。せっかく良いものをつくり素晴らしい志を持ってビジネスをしていても、伝わらなければ意味がありません。日本は実質的価値を上げることが得意ですが、情緒的価値を上げることは苦手です。しかしながら、商品サービスの差別化や次世代の購買層を考えると、情緒的価値を上げて伝えることは非常に大切で、そのためにはまず戦略的なコミュニケーションが必要です。コミュニケーションといっても言葉を使って伝える言語的なものだけではありません。非言語的なコミュニケーションである視覚的要素・聴覚的要素・嗅覚的要素・味覚的要素・身体的要素など、相手の五感で感じられるもの全てがコミュニ

ケーションに含まれます。

とてもパワフルな視覚的コミュニケーション

なかでも、視覚的に伝える手段である「Visual Communication（ビジュアル・コミュニケーション）」は非常にパワフルです。人が耳で聞いた内容を3日後に記憶している割合は10%。そして、同じ内容をイラストとして見せた場合が35%を記憶しているという実験結果が出ています。

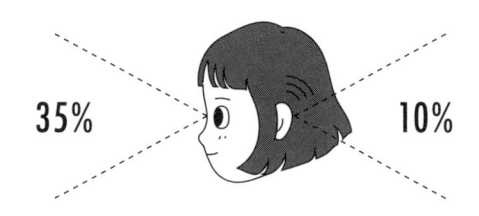

人が耳で聞いた内容と目で見た内容を3日後に記憶している割合

（引用）John Medina（2014）. Brain Rules. Vision trumps all other senses.

では、次の2つを比べたとき、どちらが理解しやすいでしょうか？

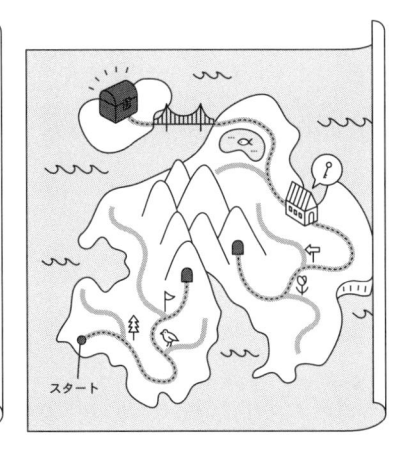

あなたは今どこかの小さな島にいます。真っ直ぐ前へ進むと、1本の大きな木が目に入ります。そこを右に曲がってください。しばらく進むと、次は1羽の鳥がいることに気づくでしょう。そこを左に進んでください。その少し先に、旗が見えるので、そこを右に向かってください。そして大きな山々にぶつかります。小さなトンネルがあるので、中は暗いですがしばらく進むと島の反対側に出ることができます。そのまま歩き続けると、綺麗なチューリップを見つけることができるでしょう。そこを左に曲がります。次に、左に向いた矢印の看板に当たります。その看板は別方向に進んでください。途中で右手に険しい崖が見えます、気をつけてください。すると1軒の小屋につきます。その小屋の中に、1つの鍵が置かれているので、忘れずに持っていってください。家の裏口から出て、しばらく進むと大きな池が見えます。池が左手に来るように進むと、吊り橋が見えるので、渡ってください。隣の小さな島につきます。そのまま1本道を進むと、宝箱が見えるはずです。小屋で見つけた鍵を使って開けると、中にとても素敵なものが見つかるはずです。

スタート

上の図は、文章とイラストを比較したものです。

MITの研究によると13ミリ秒で絵を理解・処理できるという研究結果が出ており[※1]、ケンブリッジ大学の研究では文字を理解・処理するには200ミリ秒かかるという研究結果がでています[※2]。この2つの研究結果から考えると、文章よりイラストの方が約15倍早く理解・処理できると考えられます。

日本ではあまり馴染みのない「Visual Literacy ビジュアルリテラシー」という能力。これは、物ごと、概念や情報、考えや想いを、理解し咀嚼し、画像やイラストなどといった視覚的なかたちに変換して落とし込む能力のこと。ビジュアル・コミュニケーションを図るときには、このようなビジュアルをツールとしたコミュニケーション能力が必要になってきます。

（※1）参考：http://news.mit.edu/2014/in-the-blink-of-an-eye-0116

（※2）参考：https://www.mrc-cbu.cam.ac.uk/bibliography/articles/6796/

　次ページの写真は、スイスで行われた国連の展覧会のものです。上写真は、クライアントから受け取った展示内容の文書。下写真は実際の展覧会の様子で、複雑な内容の文書を視覚的にわかりやすいかたちにデザインしたものです。同じ内容でも、ビジュアルを使った下写真の方が感覚的に印象に残ることがお分りいただけると思います。

　企業のビジョンやミッション、商品/サービスといった情緒的価値を消費者や社会の人々に「伝える」ことが重要ないま。「伝える」ということは、単に企業側からアウトプットするだけではなく、消費者や社会の人々にしっかりと理解してもらうこと。その結果、信頼してもらい、共感してもらい、ファンになってもらう必要があります。

　それには、言語コミュニケーションよりも記憶に残るビジュアルをツールとした視覚的コミュニケーションは、非常に有効な手段だと言えます。

スイスで行われた国連の展覧会のデザインをしました。上写真は、クライアントから受け取った展示内容の文書。下写真は実際の展覧会の様子で、文書を視覚的にわかりやすい形にデザインしました。

COFFEE BREAK

研究結果から見るビジュアルの強さ

ビジュアルと文章に関して、下記のような研究結果が出ています。

・脳の約50%がビジュアルプロセスに関与している[※3]

・感覚受容器の70%が目にある[※3]

・人は0.01秒で情景を認識することができる[※4]

・人は文章で示された方向指示の約3倍、イラストで示された方向指示の方が正しく行き先にたどり着ける[※5]

本文でも述べましたが、上記の研究結果からもビジュアルのインパクトの強さがお分かりいただけると思います。

(※3) Merieb, E. N. & Hoehn, K. (2007). Human Anatomy & Physiology 7th Edition, Pearson International Edition.

(※4) Semetko, H. & Scammell, M. (2012). The SAGE Handbook of Political Communication, SAGE Publications.

(※5) W. Howard Levie Richard Lentz (1982). Effects of text illustrations : A review of research

ビジネスにクリエイティブな視点が必要な理由

　ビジネスの目指すゴールは、商品やサービスを購入してもらうこと。そしてリピートして買ってくれるロイヤルカスタマーを掴むこと。ファンになってもらうことです。

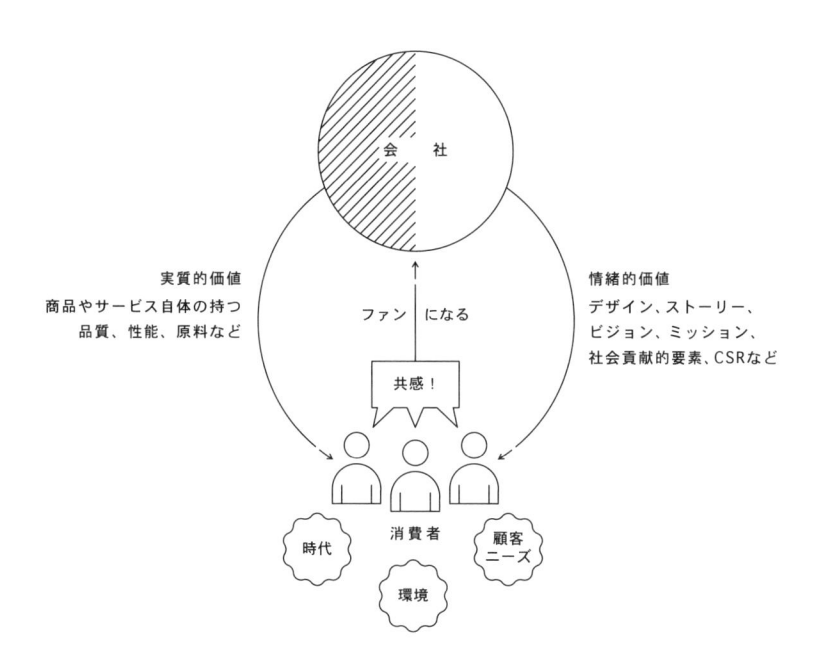

　商品やサービスの質が良い=実質的価値が高い、ということは前提条件として、この商品やサービスの情緒的価値を「伝えて、理解してもらい、信頼してもらい、共感してもらい、ファンになってもらう」上で最も大切なことは何でしょうか?

　それはビジネスから発せられる全てのメッセージが矛盾なく同じ方向

を目指していて、**世界観がぶれることなく一貫していることです。**消費者がビジネスに触れる機会となる接点を「Touch Point（タッチポイント）」と呼び、ビジネスから発せられる全てのメッセージは、このタッチポイントから消費者に伝わります。

　洋菓子のブランドを例にとってみましょう。洋菓子ブランドの一般的なタッチポイントは、

● 専売店舗／デパ地下の売り場コーナー

● ウェブサイト／eコマースサイト

● ソーシャルメディア

● テレビCM

● パンフレット

● 贈り物

● 新聞や雑誌の記事

● 広告

● 口コミ

などです。ではそれぞれのタッチポイントで、消費者は具体的に何の要素からこの洋菓子ブランドを感じるでしょうか？

● **専売店舗／デパ地下の売り場コーナー：**店全体の雰囲気、匂い、内装、ロゴ、パッケージデザイン、陳列の仕方、商品（お菓子）、販売員のユニフォーム、販売員の雰囲気や対応

- ウェブサイト/eコマースサイト：ウェブデザイン、ロゴ、使用している商品画像、文章、商品説明
- ソーシャルメディア：画像、文章
- テレビCM：映像、ストーリー
- パンフレット：デザイン、画像、文章、ロゴ
- 贈り物：ロゴ、パッケージ、商品
- 新聞や雑誌の記事：画像、話し手の雰囲気、文章
- 広告：デザイン、画像、コピー、ロゴ
- 口コミ：評判

　これをみると、商品の匂い、販売員の雰囲気や対応、評判以外は全てクリエイティブがつくり上げるものだということが分かります。ここでいう「クリエイティブ」とは制作やそれに直接携わる人たちのこと。デザインをする人、文章やコピーを書く人のことです。ですので、ビジュアルに関することだけでなく、文章の雰囲気やトーンを設定するのもクリエイティブの管轄です。

　興味深いのは、売りたい商品は洋菓子なのに、試食ブースや贈り物でいただくことがなければ、お客様には**購買するまでは実際に商品を体験する機会がない**ということ。

　では、消費者は何で判断して購買を決めるのでしょうか?

　それは、その洋菓子ブランドに関わる全ての要素が醸し出す雰囲気です。これをLook and Feel（ルックアンドフィール）と言います。

　ですから、お客様に手に取ってもらうには、商品自体の良さで勝負するのではなく、どれだけその商品の世界観を商品以外の要素全てで表現

Without Branding
ブランディングをしなかった場合

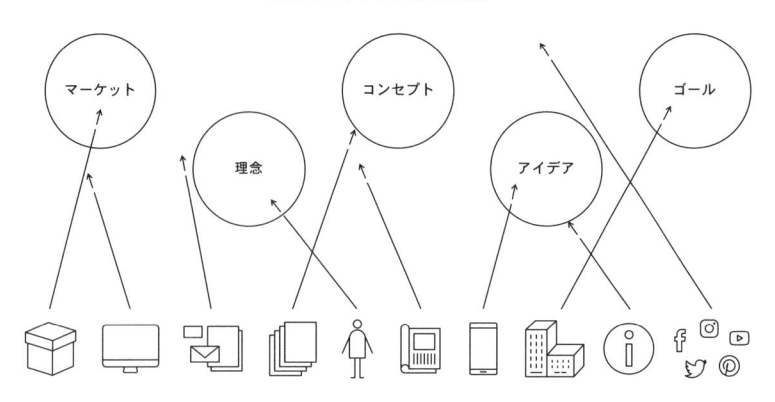

それぞれのものが様々な方向に向かって一貫性なく作られ、
サービス・企業として何を目指しているのか分からない

With Branding
ブランディングをした場合

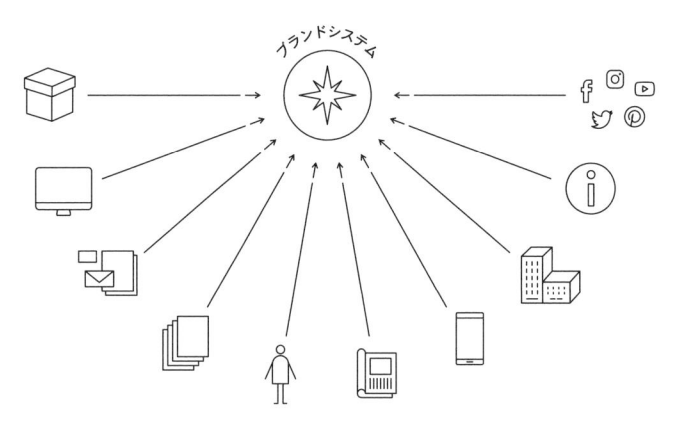

すべてのものが北極星（＝ブランド・システム）に向かって一貫性をもって作られ、
サービス・企業として目指しているものが明確に伝わる

できたか、にかかってきます。

　そして、全てのタッチポイントでお客さまが感じるルックアンドフィールが、このブランドの世界観を矛盾なく表現していなければなりません。これには部分的に見るのではなく、全体を俯瞰してみていく必要があります。部分的に違った印象を与えるということは、バラバラと異なるメッセージを発信しているということ。ちぐはぐで混乱を呼び、不誠実で信頼のおけない印象になってしまい、せっかくの素晴らしい商品やビジョンを正しく伝えることができません（左ページ図参照）。

伝える相手を理解する

　あなたが、誰かに何かを伝えたいとき、どういった点に気をつけますか?

　伝える相手が5歳の息子か、近所の女子中学生か、直属の上司か、カフェで隣に座ったイギリス人か、親友か、大学教授か、耳の遠くなった祖父か。同じ内容でも相手によって、話し方や声のトーン、話すスピードや言語、構成などを変えていくと思います。とりわけ、相手に何か行動を起こしてほしい場合は、相手がきちんと話の内容を理解できるように考えて伝えることでしょう。それにはまず相手を知る必要があります。

　ビジネスにおいても同じです。情緒的な要素が重要視されるようになり、伝えたいことがぐんと増えました。そして、言語/非言語コミュニケーションで伝えることで、消費者の感覚や感情を喚起し、共感や信頼を得る必要があります。

　しかし、漠然と伝えるだけでは、相手の心には刺さりません。まず、

どういう相手に伝えたいのか、その相手はどういう人なのか、その人のニーズは何なのか、ということを理解して、その人に合ったコミュニケーションの方法で、誠実に効果的に伝えていく必要があります。

コカコーラ社の通常ロゴ

子供用商品ライン用に
HI(NY)でデザインしたコカコーラロゴ

「らしさ」を伝えるブランディング

　ここまで説明してきたように、**時代や環境、顧客ニーズを考えながら、戦略的に企業や商品やサービスのもつ「らしさ=個性」を引き出し、その価値をお客さまに与える総合体験の全てにおいて正しく演出し、効果的に伝わるかたちに落とし込むこと。**これをブランディングと言います。そしてブランディングのゴールはお客様にファンになってもらうこと。その結果、リピートして商品やサービスを継続購買してくださるロイヤルカスタマーとなります。

　ブランディングは経営戦略ですが、大企業だけのものではありません。むしろバジェット（予算）に限りがあり、規模の小さな中小企業にこそ必要かつ効果的な経営戦略です。

　他社とは違う、その会社ならではの商品/サービスの価値や情報を、消費者に分かりやすいかたちで表現することで、品質を信頼してもらい、安心してもらうことができます。それと同時に、他社の商品/サービスと分かりやすく識別して選んでもらうことも可能になるのです。

　ブランディングはブランドが存在する限り続く長期戦。一貫性を持ってその世界観を押し出せば押し出すほど、ブランドは強く魅力的になり、人々に愛され、ビジネスを成功に導くことができます。それに必要なのは、ブランドに関わる全ての人が世界観を共有して一丸となって進んでいくこと。常にブレていないかを確認しながら、従業員一同が足並みをそろえ、密なコミュニケーションをとりながら進んでいけるようなサイズである中小企業にとって、ブランディングは非常に有効な経営戦略です。

　では、これからブランディングについて具体的にお話していきます。

信頼の方程式

　信頼してもらい、共感してもらい、ファンになってもらう、というお話を勉強会でさせて いただいたときのこと。「どうしたら、他の人に共感できるようになるのですか?」という質 問をいただきました。共感しすぎてしまう傾向が強く、どうやって線引きするかが課題であ る私にとって、考えてもみなかった悩み。即座にはお答えすることができず、当分そのこと を考えていました。

　そのときにふと思い出したのが欧米でベストセラーになったビジネス書『Never Eat Alone（by Keith Ferrazzi and Tahl Raz）』にでてくるオンラインなどのコンテンツに関する 「信頼」の方程式。

GENEROSITY + VULNERABILITY + ACCOUNTABILITY + CANDOR = TRUST

寛容さ + 傷つきやすさ + 約束を守ること + 率直さ・誠実さ = 信頼

　ここで興味深いのは「Vulnerability」が入っているということ。「傷つきやすさ」と訳しまし たが、心や感情などの「弱さ」や「脆さ」というニュアンスです。私の解釈ですが、これは辛 い経験や失敗、自分ではどうにもならないような状況を経験して、自分の弱さを知ってい る人の「強さ」なのではないかと思っています。自分も辛い思いを知っているので、他の人 のそういった気持ちにも敏感になれる。そういう弱さからつくられたアンテナを心にいっぱ い立てていって、それによって他の人に共感できるようになるのではないかな、と思いまし た。

02

WHAT IS BRANDING?

ブランディングとは何か

1

ブランドとブランディングの関係

ブランディングとは企業のブランド価値を向上させる経営戦略ですが、そもそも「ブランド」とは何でしょうか?

ブランドの本質

「ブランド」という言葉を聞いたとき、シャネルやエルメスなどの高価

な商品を取り扱った高級ブランドを思い浮かべる方も多いと思います。

　ブランド（Brand）の語源は、古英語Brand、古高ドイツ語brant、古ノルド語brandrなどの「焼く」という言葉からきており、ワインの樽や家畜などに、品質やオーナーシップを識別するために熱した鉄で焼印をつけることを意味していました。

　現在のブランドの定義は、アメリカン・マーケティング協会（American Marketing Association：AMA）が定義する以下のものが一般的です。

A brand is a "Name, term, design, symbol, or any other feature that identifies one seller's good or service as distinct from those of other sellers."

ブランドとは、商品やサービスを競合他社から明確に区別し識別させるための、名称、言葉、デザイン、シンボル、その他の特徴である。

　特徴としてすぐに思いつくのは、ブランドの名称やロゴだと思いますが、色、写真、キャッチフレーズなども特徴の１つになります。消費者がブランドに触れる機会は、商品やサービスの他、SNS、カスタマーサービスの応対など多岐にわたりますが、全てのタッチポイントで、消費者は一貫してそのブランドの個性、「らしさ」を感じることができます。このようにブランドの本質とは、品質でも希少性でもなく、強みや個性である「らしさ」なのです。

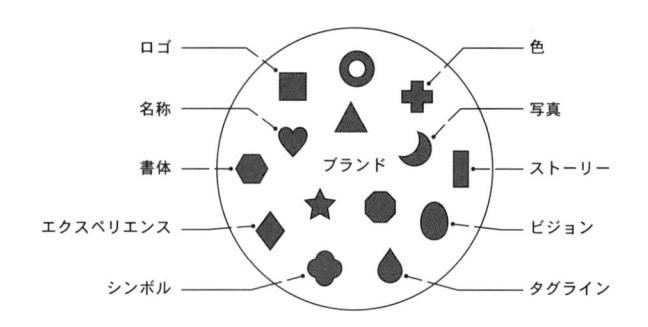

世界観を直感的に感じてもらうために

しかし、ブランドの本質である、強みや「らしさ」といった抽象的なものは、伝えるのが非常に難しいものです。そこで、この強みや「らしさ」を、消費者に伝わるような特徴として、多角的にブランドを表現し、消費者が「このブランドはこういうブランドなのだな」とその世界観を**直感的に感じる**ことができるようにするのがブランディングです。

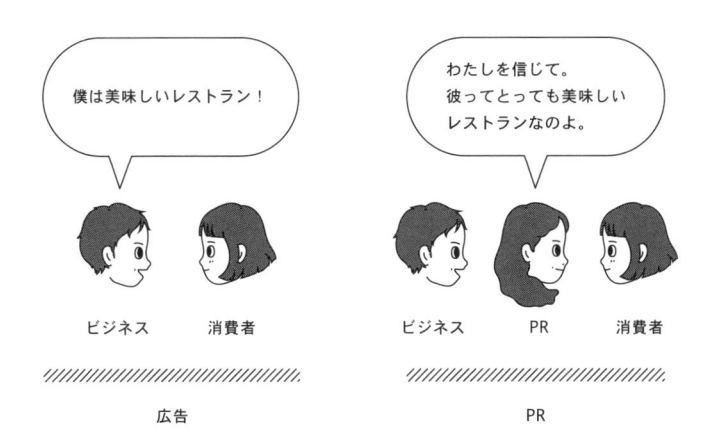

ブラザホテルのロゴ   MTVのロゴ

　上の2つのロゴを比較してみましょう。左はハイエンドなターゲット層を狙ったラグジュアリーでクラシックな世界観、右は若者をターゲットにしたポップでカジュアルな世界感を直感的に感じることができます。

　この本質を、消費者に伝わるような特徴として体現するには主に2つの側面から表現していきます。

　1つめはバーバル（Verbal：言語）。言葉を使ってブランドの本質を表現していくことで、ブランド名称が代表的です。2つめは、**ビジュアル（Visual：視覚）**。目に見えるものでブランドの本質を表現していくことで、ブランドロゴが代表的です。ブランドによっては、音や香り、触感などのビジュアル以外の非言語要素の設定も必要になってきますが、通常はこのバーバルとビジュアルを使って表現していきます。

　そして、このバーバル、ビジュアルの両方を使って、個性を伝わるかたちに体現していくのが、クリエイティブの重要な役割です。いくら優れたブランド戦略があっても、優れたクリエイティブによって企業/商品/サービスの本質が魅力的に体現されなければ成功への道はありませ

ん。

　このように、企業・商品・サービスの強みを引き出し、本質を見極め、その本質をわかりやすく概念化し、その概念をバーバル（言語）とビジュアル（視覚）によって魅力的に表現して、消費者が直感的に感じるかたちに体現することがブランディングのプロセスです。

企業・商品・サービス
の強みを引き出し
本質を見極める

本質をわかりやすく
概念化

消費者が直感的に
感じるかたちに体現する

メリークリスマスは使えない？

　ニューヨークがにぎわう12月のホリデーシーズンには、日本の年賀状のように、みんな
が友人や家族、仕事関係の人などにホリデーカードを送るので、私たちも企業のホリデー
カードのデザインは毎年恒例になっています。ここで気をつけなくてはならないのは、特
定の宗教を連想させないものをつくるということ。ここで特に問題になってくるのは、キリ
スト教とユダヤ教。キリスト教はChristmas（クリスマス）をお祝いしますし、ユダヤ教は
Hanukkah（ハヌカ）をお祝いします。ホリデーカードを売っているお店などでしたら、全
ての宗教それぞれのホリデーカードをつくれば良いのですが、企業などのホリデーカード
は一種類なのでそういうわけにはいきません。ですので、日本では何の疑問も抱かず使っ
ている一般的なモチーフ、クリスマスツリーやサンタクロース、トナカイ、リースなどを入
れたホリデーカードはご法度。これらは全てキリスト教のモチーフで、赤色と緑色の組み
合わせでも避ける会社すらあるほどです。MERRY CHRISTMAS!（メリークリスマス！）も
NG。HAPPY HOLIDAYS!（ハッピーホリデー！）が無難なライン。デザインも、雪などの冬
に関連したものや、タイポグラフィなどニュートラルなものを使います。宗教問題にはみん
な非常に敏感なので、企業のホリデーカードが特定の宗教を彷彿させるものは企業のブ
ランドイメージ問題にも関わります。

　日本に来て結婚式場のチャペルで時々みかけるのはこのキリスト教のものとユダヤ教の
ものがごちゃまぜになっているもの。日本ではあまり宗教のことは考慮されませんが、海外
でビジネスをする際には気をつけたいポイントです。

2

ブランディングとロゴ、VI、CI の違い

　ブランディングと混同しやすいのが、「ロゴ」「VI（ビジュアル・アイデンティティ）」「CI（コーポレート・アイデンティティ）」です。

　ここでは、ブランディングとこの3つの違いを説明します。

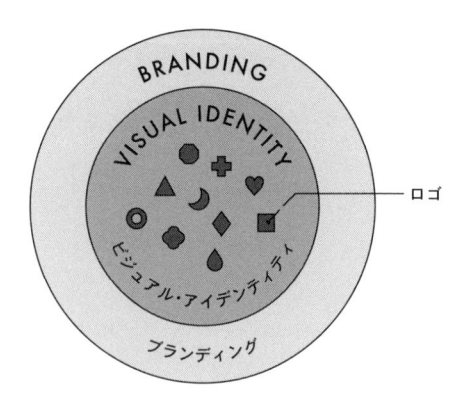

ロゴ

ロゴ

　ロゴとは、文字やシンボル、マークをデザインしたもので、純粋なグラフィック要素の呼称です。会社名や店舗名、商品名、組織名をベースとしてデザインしたものや、コンセプトやビジョンといったブランドの本質を具現化、図案化したものなどがあります。

VI（ビジュアル・アイデンティティ）

　ACT 03でも詳しく説明しますが、ビジュアル・アイデンティティとは、会社や店舗、商品や組織などのコンセプト、理念などを、ビジュアルの構成要素（ロゴ、使用する書体、色、写真、イラストレーション、レイアウトなど）で視覚的に表現した総体です。つまり、先ほどのロゴはこのビジュアル・アイデンティティの主要な要素の1つ、ということになります。

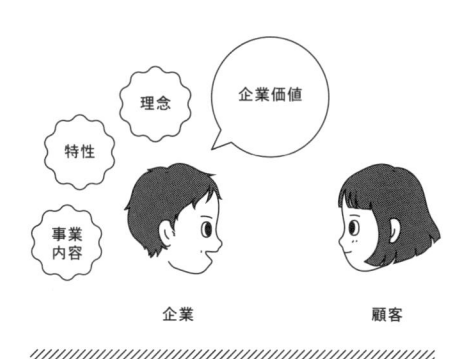

コーポレート・アイデンティティ

ブランディング

CI（コーポレート・アイデンティティ）

　デザインの知識のある方がブランディングと混同されるのが、この
コーポレート・アイデンティティ。コーポレート・アイデンティティ
は1930年代にアメリカからはじまり、日本では1970年から導入された
マーケティングの概念で、企業の主観をベースにしたものです。

企業の理念、特性、事業内容、方針など経営にまつわる事柄を、企業の目線から社会に発信できるように体系化したもので、これは先ほどのビジュアル・アイデンティティも内包されています。コーポレート・アイデンティティの目的は「企業のメッセージを広く伝える」ということなので、そのゴールを目指したビジュアル・アイデンティティはもちろんのこと、「伝える」ことに必要な、スローガンやコピー（文章・文体の表現方法）などのビジュアル以外のコミュニケーション手段の体系化も重要な要素になっています。

ブランディングとの一番大きな違いは視点です。コーポレート・アイデンティティは企業の視点で構築されるので、消費者の視点で構築されるブランディングのようにターゲット・オーディエンスの設定はしません。

ブランディング

ブランディングとは、時代や環境、顧客ニーズを考えながら、企業/商品/サービスなどのもつ「らしさ=個性」を引き出し、価値をつくり上げ、お客さまに与える総合体験の全てにおいて正しく演出し、伝わりやすく魅力的にデザインすることです。

そして、ブランディングの最終目的は、「企業価値」を向上させ、お客様のロイヤリティを獲得すること。いわば、お客さまに信頼してもらい、ファンになってもらうことです。いままでは実質的価値（商品、サービス、品質、性能など）を向上させ、それを企業の視点から分かりやすいかたちにして（コーポレート・アイデンティティ）発信していけば顧客ロイヤリティは獲得できていました。しかし、現在のようなモノが溢

れている時代では、実質的価値を向上させることは「できていて当たり前のこと」とみなされ、そこで差別化を図ることが難しくなってきました。そこで起こるのが価格で差別化を図る価格競争。それでは品質を上げ、価格を下げるという不毛な戦いになってしまいます。

　そうではなく、その企業の個性や特性を柔軟な視点で引き出し、時代やお客さまのニーズをふまえた上での新しい価値＝情緒的価値（デザイン、ビジョン：環境対策、地域活性化や社会貢献など、商品・サービスを新しい切り口でみること）で他社と差別化し、実質的価値を含むすべてをお客様に伝わるかたちにすることがブランディングの醍醐味です。こうして他の企業にはない、自分だけの「個性や強み」を伸ばす価値の付け方をすることは、競争相手のいない/少ないマーケットで自分らしくビジネスができることにつながっていきます。

3

ブランディングのためのチーム編成

　少し前までは、ブランド構築開始から関わってくるプロフェッショナルは、ブランド・マーケティングが専門のブランド・マーケティング・ディレクター（Director of Brand Marketing）やブランド戦略ディレクター（Director of Brand Strategy）、クリエイティブが専門のアートディレクターというのが主流でした。しかし近年では競争戦略型のビジネス

が時代に合わなくなり、ビジョンや思い、CSRといった情緒的なストーリーを、SNSなどのタッチポイントで一貫して戦略的に伝えることが重要になってきました。そのため市場に重きをおくマーケティングではなく、コミュニケーション戦略を専門とした**ストラテジスト（Strategist：コミュニケーション戦略家）**がブランド構築にも入り、**ブランド・マーケティング・ディレクターとアートディレクター、ストラテジスト**でブランディングを進めることが主流になっています。

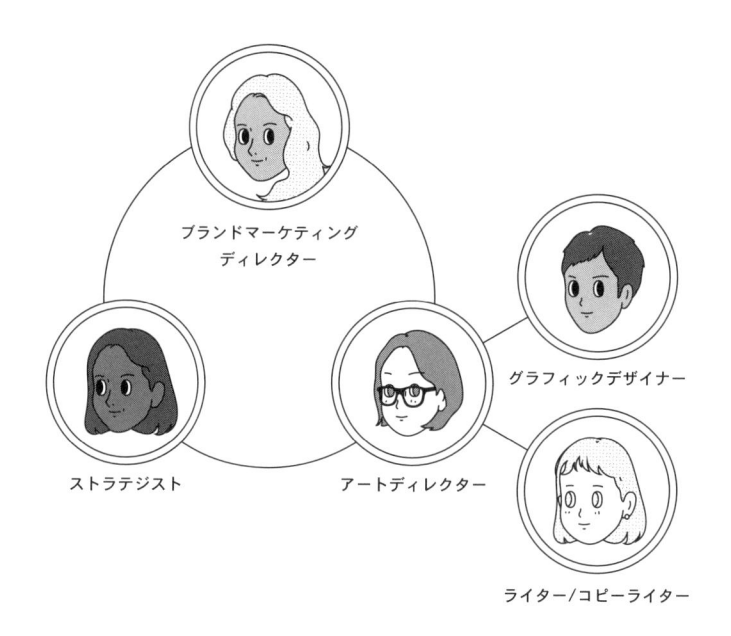

ブランドマーケティング
ディレクター

グラフィックデザイナー

ストラテジスト　　　　アートディレクター

ライター/コピーライター

　しかし、これは海外の場合。残念ながら日本は世界の波からかなり遅れています。ブランディングを取り入れている日本のなかでは進んだ会社でも、まだクリエイティブを初期から導入せずマーケティング先導

で、しかもその多くはブランド戦略専門ではないマーケターとブランド構築を進めているところが多いのが現状です。そのため、マーケターやコンサルタントが最終アウトプットをイメージできないまま、市場にフォーカスしたブランド戦略を先に構築して、その後にクリエイティブを入れていくやり方をしているところがほとんど。クリエイティブの立場からみると、どんなに素晴らしいブランド戦略を構築しても、最終アウトプットが魅力的にできなければ机上の空論。お客様の手にとってもらうことも、リピートしてもらうことも叶いません。

　私たちがブランディング会社で働いていたときは、プロジェクトごとに担当のブランド・マーケティング・ディレクターとアートディレクターがチームとなって進めるのが決まりでした。海外でブランド・マーケティング・ディレクターと呼ばれる人たちは、大学や大学院でブランド・マーケティングを専攻し極めてきたプロフェッショナル。彼らがクライアントの窓口となってヒアリングを進め、その内容を元に、ブランド・マーケティング・ディレクターはマーケティングの視点から、そしてアートディレクターである私たちはクリエイティブな視点から、解決案を話し合いながら見つけ出すのがプロセスでした。このなかで、ブランド・マーケティング・ディレクターとアートディレクターが揉めてしまうことが日常的にあり、それがプロジェクトを進めていく上で最も難しいことの1つでした。

　マーケターにとって最大のゴールは、その商品やサービスを「売る」ことです。もちろん売れるに越したことはありません。そして彼らには、そうするための知識や経験が豊富であり、私たちもそれを尊重しています。しかしながら、彼らはクリエイティブのプロフェッショナルで

はありません。彼らにはビジュアルリテラシー、つまりビジュアルをツールとしたコミュニケーション能力はなく、それは私たちアートディレクターの仕事です。ここを混同してしまうマーケターが非常に多く見られました。

例えば、ある商品を宣伝する雑誌広告を作成するとしましょう。マーケターにとって大事なのは、数ある広告のなかからより多くの人の目に留めてもらうこと、そしてその商品について、より多くの情報を伝えることです。そのため、派手な色を使い、文字を大きくし、文字要素や画像をたくさん詰め込むように求めます。これは大きなミスです。まず、ビジュアルとしてブランドの世界観を統一させることは非常に大事なことであり、カラーパレットはもちろん、フォントや画像の扱い方も、ブランディングの過程で決めたルールに従うことが大前提です。そうすれば以前にどこかでブランドと接点があった人には「あのブランドね」とリンクすることができ、この広告ではじめてブランドを知った人も、その後何らかの接点があったときに連想することができます。接点が点のままではなく、点と点がリンクすればするほど、ブランドと消費者との距離が縮み、ぶれないブランドの存在が安心感と信頼を生みます。

さらに、目立つ広告をつくることで実際に多くの人の目には留まるかもしれませんが、魅力的に伝わるかたちで表現されていないと人は興味を持ちません。もちろん雑誌媒体によってオーディエンスは違うため、それによって発信するメッセージも微調整が必要です。そこで必要となるのはマーケターの知識ですので、お互いの意見を交換し合いながら最も効果的なビジュアルを作成します。

繰り返しになりますが、**ブランディングで重要なのは「売る」こと以**

上に「ファン」になってもらうこと。広告をきっかけに売れたとしても、それだけでは長い目で見たときに成功とは言えません。ブランドのメッセージを理解、共感した上で購入する消費者はファンとなりロイヤルカスタマーとなるのです。

　日本で一番多い間違いは、ブランディングをせず、いきなりデザイナーにロゴやウェブサイト、内装などを発注するケース。これでは、一貫性のない不安定な世界観と、矛盾したメッセージを発信することになり、長期的にみてビジネスの失敗の元となります。ブランディングによって、北極星（ブランドの向かうべき方向）をきちんと定め、常にそれを目指しながら、時代の変化に柔軟に対応していく必要があります。特にグローバルな成功を目指していくならばなおさらで、日本のスタンダードは世界では通用しないことを認識しなくてはなりません。

　前述したように、最良なチーム編成はブランドの立ち上げから**ブランド・マーケティング・ディレクター**、**アートディレクター**と**ストラテジスト**をチームにいれてブランディングをはじめることです。いま世界の多くのビジネスがターゲットとして狙っている消費者層、ミレニアル（Millennials：1981-1996年生まれ：2019年に23歳-38歳）、Gen Z（Generation Z：1997年以降生まれ：2019年に22歳以下）はたくさんある類似商品のなかから、選ぶ理由/目的を求めています。それを選んだことで自分が世の中に少しでも良いことをしているという誇りを持ち、それを人に伝え、SNSで発信したがっているのです。このように消費者層の態度と嗜好が変化し、ブランドにとってただ商品を売ることだけでは十分でなくなった時代に、実質的価値と情緒的価値の両方を伝える戦略的なコミュニケーションは必要不可欠です。ですから言語・非言語コ

ミュニケーションで「伝える」エキスパートであるアートディレクター
とストラテジストにブランド構築を先導させていくのは重要なことで
す。

　それではアートディレクターを選ぶ際に一番大切なことは何でしょう
か。それは、どれだけ自分の感覚的な部分を理解し、親身になってブラ
ンドを導いてくれる人であるか、つまり人として自分と合っているかと
いうことです。会社の規模や有名かどうかではありません。海外の経営
者やブランド責任者がブランド構築においてアートディレクターを選ぶ
ときも同じです。人として共感できるか、信頼できるか、良いラポール
（信頼関係）が築けるかを見極めた上で、自分のブランドの目指すところ
に合っているか、ターゲット・オーディエンスや市場を理解しているか、
洞察力、時代を読む力、柔軟性、そして高いクオリティでビジュアルを
表現する能力があるかどうかを見て決めていきます。

　当時ブランド価値世界３位だったコカ・コーラから、新ブランドのブラ
ンディングを依頼されたとき、私たちの会社はまだ２人きりでした。

　日本では、ブランドの性質に関わらず、自動的に国内の大手に仕事を
依頼する会社が多いようです。しかし日本にも、規模は小さくとも問題
解決能力が高く、クオリティの高いデザイン会社がたくさんあります。
有名な、または大手の会社が全てのプロジェクトに適していて、いつも
良い結果を出せるかといえば、そうではありません。ブランディングは
ブランドが存在する限り続く長期的なもの。アートディレクターは試行
錯誤を重ねながら経営者とブランドに伴走し、長く付き合っていくいわ
ば同志であり運命共同体。自分の感覚を信じ、自分の軸で、自分とブラ
ンドに合った人を選んでいくことが、成功に導く重要な鍵です。

ダイバーシティとインクルーシブネス

　ニューヨークで仕事をするときに気をつけなくてはいけないのはDiversity（ダイバーシ
ティ：多様性）とInclusiveness（インクルーシブネス：包括）です。全てのひとが、人種、
ジェンダー、宗教や肌の色などにかかわらず「包括されている」必要があります。特定の
ターゲットに向けたメッセージならば問題ないのですが、特にグローバルマーケットをター
ゲットにしたブランドでは、使用するモデルの人種、ジェンダーにはひときわ気をつける必
要があります。また意図があるかないかは別としても、特定の文化を揶揄したように受け
取られるものも要注意です。

　2018年は、ファッションのグローバル・ブランドの人種差別に関わるスキャンダルが多
く、Gucci（グッチ）,Prada（プラダ）,Dior（ディオール）,Dolce & Gabbana（ドルチェアン
ドガッバーナ）から、H&MやZARAなどがブランドイメージの危機に陥りました。実際どこま
で気にすればよいのか? というのが論点になると思いますが、倫理的にデリケートな問題
です。特に若い世代はPolitically Savvy（多様な人々のニーズに敏感で思慮深いこと）です
し、こういったことに思慮の浅いブランドはブランド価値や評判を落とし、顧客も離れてい
くので慎重に対応していく必要があります。

　ビューティーなど肌の色が顕著にアピールされるグローバルターゲットのブランドでの撮
影でしたら、少なくとも4種類の違った肌色をもつ人種の違うモデルを4人起用するところ
が多くなっていますし、アメリカの歌手であるRihanna（リアーナ）が最近立ち上げたブラン
ドFenty Beauty（フェンティ ビューティー）は、様々な肌色に対応できるようにファンデー
ションの色を50種類揃えたことで話題になっており、他社ブランドも60種類くらいの肌色
のバリエーションをつくりはじめています。携帯のemojiも6種類の肌色から選べるように
なっていますし、カップルは男女だけではなく、男男、女女なども増えています。

　私たちも国連の仕事をするときは、いつもに増して気をつけているのですが、人をモ

チーフとして使ったデザインするときは、肌色、ジェンダー、年齢などが違う全ての人々が Inclusive（包括した）であることに細心の注意を払います。トイレのサインなども、男女で分けず、自分が感じている性別で入れるようなGender-Neutral（ジェンダー・ニュートラル　性差にかたよらない）にするなど、意識してデザインする必要があります。

4

HI（NY）のブランディング

　ブランディングの方法に関して、これが正解というものはありません。

　ブランディングのゴールはファンになってもらうこと。強みや個性といった「らしさ」を引き出し、チーム内でぶれなく共有し、全てのタッチポイントにおいて一貫した世界観を、消費者にとって魅力的に表現す

ることです。

　これを達成することがブランディングの目標だということを頭に入れ、時代の流れやブランドの性質によって、柔軟にクリエイティブに効果的な方法をとっていく必要があります。

　私たちHI（NY）のブランディングは、最終アウトプット重視のDriven by Designスタイル。デザインをツールに問題解決をしていくブランディングです。私たちが中小企業のブランディングをするときには、クライアントとHI（NY）チームだけでブランド構築することがほとんど。ここでは、私たちが試行錯誤したうえで、いまの時代の中小企業に一番効果的だと思うブランディングの方法を説明していきます。

　HI（NY）では、ブランドの中枢部分をBRAND SYSTEM（ブランド・システム）、そしてこの軸に基づいて制作するウェブサイトやステーショナリー、内装、広告などの諸々の制作物をBRAND COLLATERAL（ブランド・コラテラル）と呼び、ブランディングをこの2本柱として捉えています。

　ブランド・システムの構築では、リサーチと分析、クライアントへの丁寧なヒアリングにより、クライアントの思いやビジョンを引き出します。クライアントの独りよがりにならないよう、時代や環境、消費者の潜在的なニーズを踏まえ、ブランドの本質を見極めていきます。「らしさ」をどこに見出すか、ユニークさをどのくらい突き詰めるか、クライアントとの話し合いを重ねて慎重に検討し決めていきます。

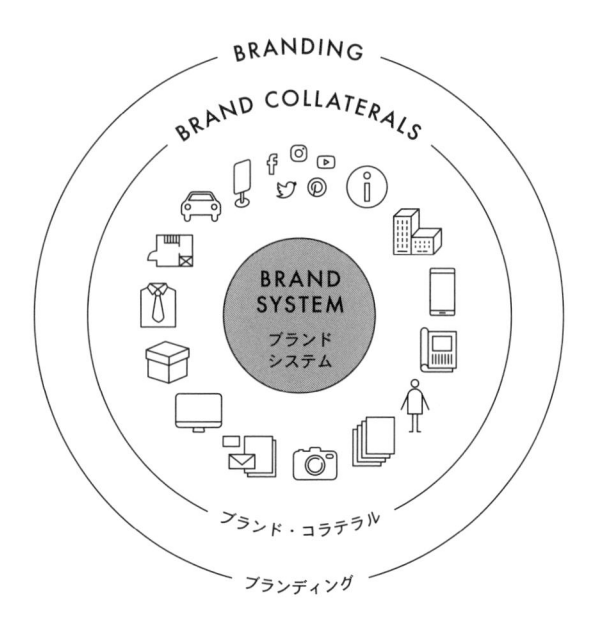

それを正確にわかりやすく言語で表現したもの（概念化）、これがブランドDNAです。次に、ブランドDNAが正しく理解されるようVI（ビジュアル・アイデンティティ）を作成し（体現化）、ブランドシステムの完成です。

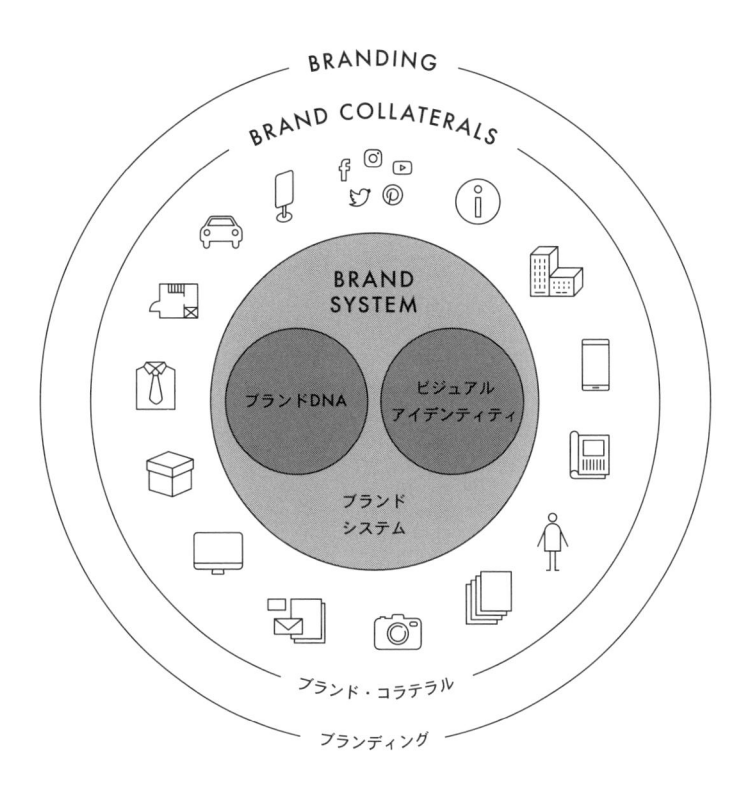

　ブランドの基礎となるブランドDNA。そのブランド「らしさ」のことで、とても大切な部分です。ブランドDNAを築く際に私たちがその要素として考慮しているものがいくつかあり、プロジェクトの内容によってその要素は変わってくるのですが、基本的には次ページのようになります。

　難しく感じるかもしれませんが、後で詳しく説明いたしますので、心配なさらなくても大丈夫です。まずはざっくりこんな構造だと思ってください。

【 ブランド DNA 】

❶ ターゲット・オーディエンス（Target Audience）

❷ プロダクト・ベネフィット（Product Benefits）

❸ ブランド属性とブランド価値（Brand Attributes and Brand Values）

❹ ブランド・パーソナリティ（Brand Personality）

❺ ブランド・ビジョン（Brand Vision）

❻ ブランド・プロポジション（Brand Proposition）

❼ 市場での位置付け（Tone in the Market）

❽ ブランド・プロミス（Brand Promise）

❾ ブランド構造（Brand Structure）

❿ ブランド・エクスペリエンス（Brand Experience）

⓫ トーン・オブ・ボイス（Tone of Voice）

⓬ ブランド名称（Naming）

⓭ ブランドストーリー（Brand Story）

⓮ タグライン（Tagline）

【ビジュアル・アイデンティティ：Visual Identity：VI】

● ビジュアル・コンセプト（Visual Concept）

● ロゴ（Logo）

● グラフィックエレメント（Graphic Elements）

● タイポグラフィ（Typography）

● カラーパレット（Color Palette）

● イメージ・ムードボード（Image Moodboard）

● ロゴアプリケーション（Logo Applications）

　ブランド・システムはブランドにとって**北極星**のようなもの。明るく輝き、いつも変わらずそこに存在し、正確に方角を教えてくれる北極星のように、ブランド・システムは変わらずそこに存在し、このブランドが向かうべき方向を指し示します。そして消費者とのタッチポイントにおいてブランドの世界観を実際に表現する要素、コラテラルがこの北極星に向かって一貫性をもって構築されていきます。

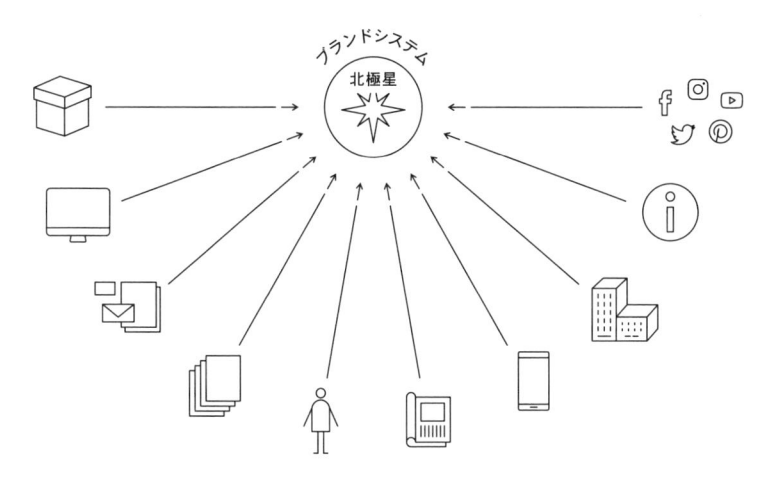

すべてのものが北極星（＝ブランド・システム）に向かって一貫性をもって作られ、
サービス・企業として目指しているものが明確に伝わる

OUR
BRANDING PROCESS

ブランディングのプロセス

1

ブランド・システムの構築

　この章では、実際にブランディングはどのようにおこなっていくのか、順を追って説明します。

　各ステップに事例とみなさんが実践できるようExerciseもありますので、一緒に考えてみてください。

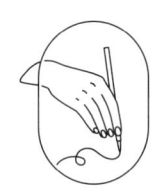

STEP 01

ヒアリング・リサーチ・分析
戦略的に強みや個性を引き出し、ブランドの本質を見極める

ブランド・システム			ブランド コラテラル		
STEP 01	STEP 02	STEP 03	STEP 04	STEP 05	STEP 06
ヒアリング・リサーチ・分析	ブランドDNA	ビジュアルアイデンティティ	ブランドコラテラルの構築	インナーブランディング	ブランドマネジメント
ブランディング					

　はじめに、ブランドの基礎である本質を引き出す作業を行います。実際に、どのようにして多くの情報の中からブランドの本質を見極めていくのでしょうか? それは、**企業・商品・サービスがすでに持っている魅力を引き出し、整理し、それを時代や消費者のニーズを考えながら効果的にアレンジしていくことで可能になります。**

　そのためには、経営者(ブランドオーナー)や担当者が自分の意思と会社の立ち位置をしっかりと正確に把握することが必要です。自社の歴史や企業文化、ビジョン、ミッション、どういう思いで会社を営んでいるのか、何を目指しているのか、世界にどういうインパクトを与えたいのか、他社にはない強みは何か、課題と問題点は何か、このブランドではどういう商品やサービスを取り扱うのか、その商品の強み、ブランド

のゴールは何か、などです。

　競争戦略型だった頃の相対的なものとは違い、そのブランドが本来持っている強みを引き出すことが重要であり、他社が絶対に真似できないような能力であるコアコンピタンス（Core Competency）とも重なる部分もあります。誰が見てもわかるような、競合他社を圧倒的に上まわる能力や、絶対に真似できない技術や商品があれば素晴らしいことです。しかし、一見そうとは見えなくても、大切にしているところ、情熱を持って取り組んでいること、自信のあるところ、など会社の個性を柔軟な視点で丁寧に引き出していくと、唯一無二の価値を必ず見つけることができます。社内の人間には当たり前になっているものが、外から見ると素晴らしい強みであることが多々あるのです。ですから、固定観念や自分の価値観にとらわれず、また先入観や情報でバイアスをかけたりせず、柔軟にクリエイティブに本質を見極めましょう。

　この過程で指針になるのは、「良いブランドの条件」です。ブランディングは、この条件を満たすような方向に進んでいく必要があります。この条件も時代によって変化していきますが、現在の良いブランドとは以下の条件を満たしているものです。

● AUTHENTIC：偽りがない

● VISIONARY：ビジョンがある

● VALUABLE：価値がある

● COHERENT：一貫性がある

● SUSTAINABLE：持続可能である

● FLEXIBLE：柔軟である

● DIFFERENTIATED：差別化されている

● COMMITTED：約束を守っている

● EMOTIONAL：感情を引き出す

● SOCIAL：社会貢献の要素がある

● ENVIRONMENTAL：環境に優しい

● GOVERNANCE：企業倫理 / ガバナンスがある

● POSITIVE：ポジティブである

感情を引き出す

一貫性がある

環境に優しい

ポジティブである

持続性がある

ビジョンがある

差別化されている

価値がある

偽りがない

約束を守っている

社会貢献の
要素がある

柔軟である

企業倫理／
ガバナンスがある

これらの条件は全て網羅する必要がありますが、近年、特に重要視されているのは次の4つです。

● SOCIAL：社会貢献の要素がある

● ENVIRONMENTAL：環境に優しい

● GOVERNANCE：企業倫理 / ガバナンスがある

● EMOTIONAL：感情を引き出す

　社会貢献の要素があること、環境に優しいこと、企業倫理があること
は、先述のESG投資にも見られるように押さえておくべき新しい条件で
す。そして、いまの時代のブランドの流れとして非常に重要なのが、繋
がりや共感。よって消費者の**感情を引き出す**ことが重要になっていま
す。**ストーリーテリング**(Storytelling)、**ナラティブ**(Narrative)、**戦
略的コミュニケーション**(Strategic Communication)などがキーワード
となっており、消費者の感情を引き出し、ブランドの思いに共感しても
らい、消費者にブランドとの繋がりを感じてもらうことに力を入れてい
ます。

　「感情」という人の心に関することは非常に繊細なもの。このとき、戦
略として小手先だけで取り繕うと、中身のともなわない、薄っぺらなブ
ランドが出来上がってしまいます。ソーシャルメディアの発達で、この
感情的な部分を発信するタッチポイントが多くなったため、消費者もこ
れをすぐに感じとり、矛盾があると不信感を抱きます。真摯に、偽らず、
自分や自社のパッションや思いは何かをよく見定め、一本筋のとおった
誠実なブランドづくりを心がけることが大切です。

あなたの会社や商品・サービスがどういうものかを知るために以下の質問を考えてみて

ください。そして次に、現状のあなたのブランドは、前ページにある「良いブランド」の条

件を満たしていますか？　足りないところはどこですか？

1. なぜ、ブランディングをすることにしましたか？

2. 今回のブランディングで解決したい問題点は何ですか？

3. 競合相手や業界のなかで、貴社のこれからの発展において影響を与えるような変化

　が近年ありましたか？

4. 貴社の現在のオーディエンス/顧客/消費者に変化はありましたか？

5. 消費者や世間から、貴社はもう合わなくなってしまった印象を抱かれていますか？

6. 貴社のブランドは間違ったブランド・ストーリー（もしくは合わなくなったブランド・

　ストーリー）を伝えてしまっていますか？

7. 会社として何を伝えたいですか？ また、それは誰に伝えたいですか？

8. なぜ人々は貴社のブランドに関心を向けるべきなのですか？

9. 消費者が貴社のブランドを選ぶメリットや利点はなんですか？

10. 今回のブランディングにおいて貴社のブランドに関心を持ってほしい人々はどういっ

　　た人ですか？

11. 貴社のブランドは、時代の流れや消費者のニーズから外れていませんか？

12. 現在のブランドの方向性で会社全体を導けていますか？

13. 会社全体が現在のブランドの方向性に沿っていっていますか？

14. 今回行おうとしているリブランディングは最終目標への進化途中の足がかりですか

　　（stepping-stone）？　それとも最終目標を達成するためのものですか（milestone）？

15. いまの解決方法で、5年、10年、15年先もうまくいく見込みがありますか？

16. 貴社のブランドを維持していくために、ブランド・マネージャーを内部で任命してい

ますか？　またその人は会社全体を導くような集中力と影響力のある人材ですか？

17. 会社の目指している最終的なゴールはなんですか。

18. 会社の強みを説明してください。

19. 会社の弱みを説明してください。

20. 現在の強み以外に今後強みにしていきたいスタイルはありますか？

21. あなたの会社を形容詞で表現すると何ですか。

22. お客さまがあなたの会社の名前を聞いたとき、どんな印象を持ってほしいですか。

23. 意識している競合会社はありますか。それはどこですか。

24. その競合会社のどんな部分を意識していますか。

25. いまの会社で間違って伝わっている点はありますか。

26. いまの会社で一番大切にしていることは何ですか。

27. 消費者や社会に、どんな会社であると思われたいですか？　どんな印象を与えたいで

　　すか？

STEP **02**

ブランドDNA

ブランドの本質を概念化する

ブランド・システム			ブランド コラテラル		
STEP 01 ヒアリング・ リサーチ・分析	STEP 02 ブランドDNA	STEP 03 ビジュアル アイデンティティ	STEP 04 ブランド コラテラルの構築	STEP 05 インナー ブランディング	STEP 06 ブランド マネジメント
ブランディング					

　ブランドの本質が見えてきたら、いよいよブランド・システムの構築に入ります。

　まずは、ブランドに関わる人々の間でブランドの本質を共有するために、ブランドのDNAをつくり上げていきます。これはブランドの本質を概念化したものです。ここが不確かだと、このあとのブランディングが砂上に城を立てるような危ういものになってしまいます。

　ここで頭に入れておきたいのは、このブランドの本質を概念化したものは、いわばブランドにとってのDNA。消費者だけでなく、このブランドに関わる全ての人々が、混乱することなく確実に理解し、誰もが迷わず同じ方向を目指せるように、正確に明確にシンプルに定義する必要があります。どんな価値観を持っている人でも理解できるように、わか

りやすく論理的なものがベストです。

　時代やプロジェクトに合わせて常に調整が必要ですが、現在私たちが
ブランドの本質を整理し、わかりやすく概念化するための項目として入
れているのは、次のものです。

ブランドDNA

❶ ターゲット・オーディエンス（Target Audience）

❷ プロダクト・ベネフィット（Product Benefits）

❸ ブランド属性とブランド価値（Brand Attributes and Brand Values）

❹ ブランド・パーソナリティ（Brand Personality）

❺ ブランド・ビジョン（Brand Vision）

❻ ブランド・プロポジション（Brand Proposition）

❼ 市場での位置付け（Tone in the Market）

❽ ブランド・プロミス（Brand Promise）

❾ ブランド構造（Brand Structure）

❿ ブランド・エクスペリエンス（Brand Experience）

⓫ トーン・オブ・ボイス（Tone of Voice）

⓬ ブランド名称（Naming）

⓭ ブランドストーリー（Brand Story）

⓮ タグライン（Tagline）

　それでは、ブランドDNAの項目を詳しく説明していきます。なお、
現在 HI(NY) で実際に進めているアメリカのビューティー系ブランドA
のブランディングを例として合わせて紹介します。

❶ ターゲット・オーディエンス（Target Audience）

ターゲット・オーディエンスの設定

「この商品 / サービスはどういう人が買う / 利用するのか？」

はじめに、ターゲット・オーディエンスを定めます。目指す最終ゴールを達成するために、どういった人々にこの商品やサービスを買ってもらう/利用してもらいたいでしょうか？ どういう人々にとって、この商品やサービスは価値を発揮し、生活を豊かにするのでしょうか？

理解していただきたいのは、マスマーケットを狙ったターゲット設定は成功に導くのが難しいということ。ターゲット層を広く設定したからといって、たくさんにリーチできるわけではありません。むしろ、多くを狙うがために戦略が曖昧になり、狙ったターゲットに効果的に伝えることができなくなってしまいます。ターゲットを男女のすべての年齢層にするのか、20代の女性にするのかでアウトプットは変わってきます。

ターゲット・オーディエンスを具体的に絞ることがブランディングを成功させる秘訣です。 それにはまず、この商品やサービスは、どういった人々に向けてつくられているか、どういう市場や層の人々に買ってほしいかを定義します。通常、デモグラフィクス（demographics）とサイコグラフィクス（psychographics）の2つで表していきます。

デモグラフィクスは統計上の集団の特徴で、一般的には年齢、性別、年収、職業、社会階層、家族構成、教育レベル、人種、宗教、居住国/居住地域などの属性を表します。一方、サイコグラフィクスは心理的な属性で、休日は何をしているか、どんなライフスタイルなのか、趣味や嗜好、行動の傾向などを分析したものを示します。具体的にターゲット

層を代表するような人を選んで、ペルソナづくりをするのも認識を共有するのに有効です。時代とともにこの特徴も劇的に変化しているので、クリエイティブで柔軟な切り口でターゲットを定めていく必要があります。

　日本でよく見かけるのは、インバウンドを狙った商品やサービスを取り扱ったブランドで、様々な国、民族、言語、宗教、収入、学歴などを持つ海外のターゲットを「外国人」とひとくくりにしてしまい、効果的なブランド戦略が構築できていない例。

　自分がターゲット・オーディエンスでないことを認識し、自分の価値観だけで考えず、固定観念にとらわれず、きちんとターゲットを理解することが重要です。

Demographics

Gender	Female
Age	25-50
Income	Mid-range
Education	College educated or wants to be
Occupation	Knowledge worker/professional, housewives, mothers
Marital Status	Single, married, married with kids
Ethnic Background	All
Location	Midwest America to urban

Psychographics

Personality	Self-aware, curious, pro-active, fun
Attitude	Striving, solution-oriented, real, searching for freedom & happiness
Interests/Hobbies	Friends, outdoorsy, travels, health, influencers, self-care, entrepreneurship

- -

デモグラフィクス		
	性別	女性
	年齢	25-50
	収入	中間層
	学歴	大学卒またはそうでありたいと思っている
	職業	ナレッジワーカー/専門職、主婦、母親
	結婚歴	独身、既婚、子あり
	人種	全て
	居住地域	アメリカ中西部から都市部

サイコグラフィクス		
	性格	自己認識のある、好奇心の強い、積極的、楽しい
	姿勢	努力家、解決志向、リアルな、自由と幸せを求めている
	好きなもの	友人、アウトドア系、旅行、健康、インフルエンサー、セルフケア、アントレプレナーシップ

［ビューティー系ブランドAの例］ターゲット・オーディエンス（Target Audience）

Claire

BIO

A child of divorced parents, Claire works hard to put herself through college. She struggles with overwhelm, but knows she wants an epic life experience. She understands the value of putting your oxygen mask on first so you can be more effective in life.

PERSONALITY

Extrovert — Introvert

Sensing — Intuition

Thinking — Feeling

Judging — Perceiving

SOCIAL MEDIA

DEMOGRAPHICS

Age	25 years
Gender	Female
Occupation	College student working to put herself through school
Marital Status	Single
Social Status	Middle
Location	Naperville, Illinois
Education	College

PSYCHOGRAPHICS

Loves	Lighting candles while taking bath, learning through influencers, just discovered Tony Robbins, and a good cup of tea
Goal	To be financially independent, have real success & happiness, and be free.
Hates	Being overwhelmed (politics, news, etc), self-doubt, fake people
Awareness	Awakening & Influenced

名前	クレア
略歴	親は離婚。自力で大学就学中。余裕がない状態に陥りがちだが、人生で何か素晴らしいことを成し遂げたいと思っている。まず自分自身を労わることが、自分にも周りにもに良い影響をもたらすということを理解している。
性格	外交的 ＞ 内向的　　感覚的 ＜ 直感的 思考的 ＜ 感情的　　判断的 ＜ 知覚的
デモグラフィクス	年齢：25歳　　　　結婚歴：独身 性別：女性　　　　社会的地位：ミドル層 職業：大学生　　　居住地域：ネイパービル、イリノイ州
サイコグラフィクス	嗜好：キャンドルを焚いて入浴すること、インフルエンサーから物事を学ぶこと、最近トニー・ロビンズについて知った、紅茶 目標：金銭面的に独立すること、成功して幸せになり、自由になること 嫌悪：圧倒されること（ニュースや政治などに）、自信の欠如、嘘っぽい人 アウェアネス：気づき始めている、影響を受けている

［ビューティー系ブランドAの例］ペルソナ（Persona）

　見極めた本質から考えて、あなたの会社の商品やサービスは、どういった人たちに利用してもらいたいでしょうか? 年齢、性別、年収、職業、社会階層、家族構成、教育レベル、人種、宗教、居住国/居住地域を考えてみましょう。

　それができたら、ペルソナをつくります。出来るだけ具体的に想像できるように、その人物の写真や、好きなもの嫌いなもの、どういうライフスタイルか、好きなブランド、利用しているSNS、好きな音楽や映画など、できるかぎり書き出してみましょう。自分に馴染みのないターゲットの場合は必ずリサーチを行い、可能であれば、個人的に知り合ってみるとより理解が深まります。このターゲットが正しくないと、このあとのブランドづくりが間違った方向に構築されてしまうので、注意深くターゲットの設定をする必要があります。

ブランディングのプロセス

❷ プロダクト・ベネフィット（Product Benefits）

消費者の利点やメリットを考える
「なぜ、消費者はこのブランドの商品／サービスを選ぶのか？」

　ベネフィットとは、利点のこと。競合となる類似または代替となる商品/サービスがたくさん売られているなかで、設定したターゲット・オーディエンスがこの商品を選ぶポイントは何かを示します。

　この商品はどういったメリットを消費者に与えるのでしょうか？ 他の商品ではなく、この商品をターゲットに選ばせる価値とは何でしょうか？

　ターゲット・オーディエンスを理解することはもちろんのこと、時代や環境、トレンドなどを読み取り、洞察することが重要です。同時に、この商品やサービスの本質とも合致していなくてはいけません。

　ここで気をつけなくてはならないのは、自分がターゲット・オーディエンスでない場合、自分の主観で考えないこと。日本女性に一番好まれる下着の色はパステルピンクですが、アメリカとイギリスの女性が一番好む下着の色は黒であるように、あくまで自分がターゲットではないことを認識し、ヒアリングなどをしながら慎重に考えていく必要があります。

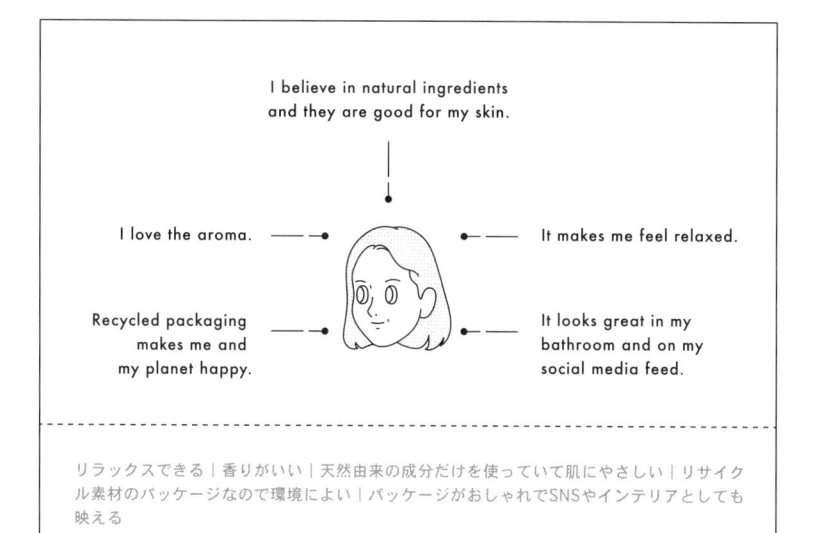

I believe in natural ingredients
and they are good for my skin.

I love the aroma. It makes me feel relaxed.

Recycled packaging
makes me and
my planet happy.

It looks great in my
bathroom and on my
social media feed.

リラックスできる｜香りがいい｜天然由来の成分だけを使っていて肌にやさしい｜リサイクル素材のパッケージなので環境によい｜パッケージがおしゃれでSNSやインテリアとしても映える

［ビューティー系ブランドAの例］プロダクト・ベネフィット（Product Benefits）

E
X
E
R
C
I
S
E

　あなたの商品の本質と、ターゲット・オーディエンスを見比べてみましょう。

　あなたの商品の強みで、このターゲット・オーディエンスにとって、選びたいと思わせるポイントは何でしょうか？　実質的な利点だけではなく、情緒的なポイントも考え、社会や環境にとって良い点なども挙げてみてください。強みが直接プロダクト・ベネフィットになるポイントだけでなく、機能的な強みを違う視点からみてみると、思ってもいなかった新しい価値が見出せます。是非じっくりと考えてみましょう。

❸ ブランド属性とブランド価値（Brand Attributes and Brand Values）
ブランド属性を考え、ブランド価値を明確にする
「このブランドは消費者や社会にどんな価値を提供できるのか？」

ブランド属性は、「機能的属性（Rational attributes）」と「感情的属性（Emotional attributes）」の2つに分けて考えます。

機能的属性は、ブランドが持っている実質的な強み。そして感情的属性は、このブランドに触れたときに消費者に感じて欲しい感情です。

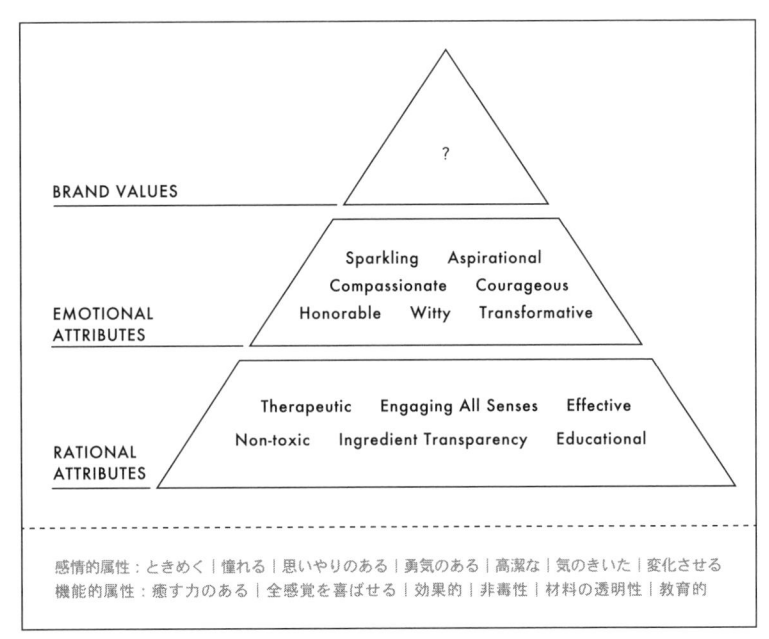

[ビューティー系ブランドAの例] ブランド属性（Brand Attributes）

この2つの属性を土台として、ブランド価値（Brand Values）を見出します。ブランド価値とは、ブランドが消費者や社会にとってどのような価値を提供できるのかを明確にしたものです。企業が提供したい価値ではなく、時代や消費者や社会のニーズを考慮する必要があります。ブランド価値の設定はブランディングの要であり、ブランド価値は北極星の中核となるもの。商品やサービスの機能的属性と感情的属性、プロダクト・ベネフィットを踏まえ、よりこのブランドらしさを感じさせ、ターゲットのニーズにもあった、唯一無二の存在になれるような価値を引き出します。

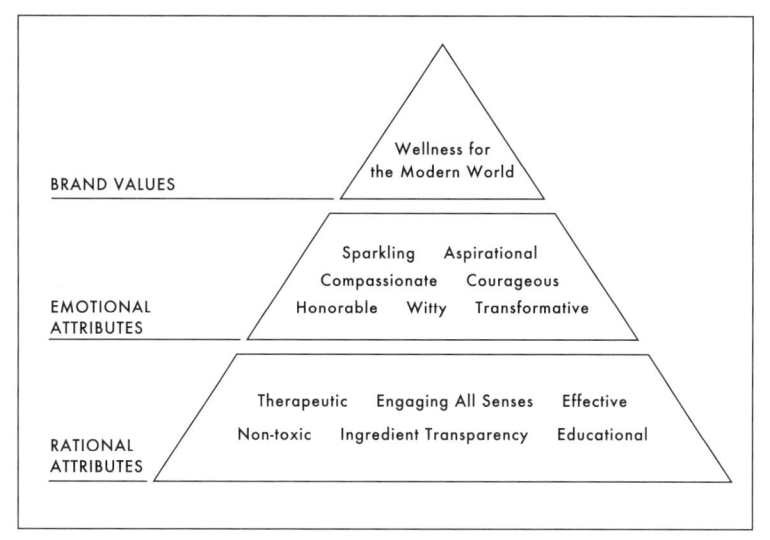

［ビューティー系ブランドAの例］ブランド価値（Brand Values）

　まずは機能的属性を考えます。自社の商品やサービスの実質的な強みを書き出してみましょう。そのなかで、ターゲットが選ぶポイントになりそうなものを、プロダクト・ベネフィットと照らし合わせて考えていきます。

　ブランディングは試行錯誤してできあがるもの。トライ&エラーを繰り返していくものです。ブランディングを進めていく上で矛盾がでてきたものは修正をかけます。

　機能的属性がでてきたら、次は感情的属性です。これらは形容詞で表します。商品やサービスだけでなく、会社のビジョンなども踏まえ、ターゲットや社会に「こう感じて欲しい。こう思って欲しい」と思う感情を書き出します。こちらもできるだけたくさん書き出し、全体を俯瞰して、一番よくこのブランドを表していると思うものだけ10個程度に絞ります。

　この2つの属性から、ブランド価値を考えます。シンプルに明確に、多くても5つくらいに絞ります。これが北極星の中核です。全てのブランドがここに向かって構築されていくので、注意深く考えましょう。

❹ ブランド・パーソナリティ（Brand Personality）
　ブランドの人格をチームで共有できるように表現する
　「このブランドの人格はどんなものか？」

　このブランドが、消費者にとってどんな存在であるべきかを考えます。このブランドを人に例えたとき、どんな人格を持っているかということです。

　人は、自分に似た考えを持つ人に親近感を感じ、自分の理想的な存在の人に憧れを抱きます。通常、形容詞で表すことが多く、「優しい」「明るい」「楽観的」「慎重である」などといった属性を記します。誰もがこのブランドの印象を想像しやすい言葉で表現し、ネガティブな表現は避けます。先述の、このブランドに触れたときに消費者に感じてほしい感情を表現した、感情的属性と矛盾がないようにします。

　わかりやすく共有する他の方法としては、そのブランドを象徴するような著名人や歴史上の偉人、映画やアニメのキャラクターなどを選び、その性格についてわかりやすく文字に起こすというのも有効です。また世界観にあった歌手、曲、ビジュアルのミュージックビデオなどをチーム全体と共有するのも、ブランド・パーソナリティを理解しやすくする方法です。

　ブランドの性格がはっきりすることで、ブランドの思考、行動、振る舞い、持ち味なども自然と定まり、ブランドが外に発信するすべての要素のトーンが揃います。

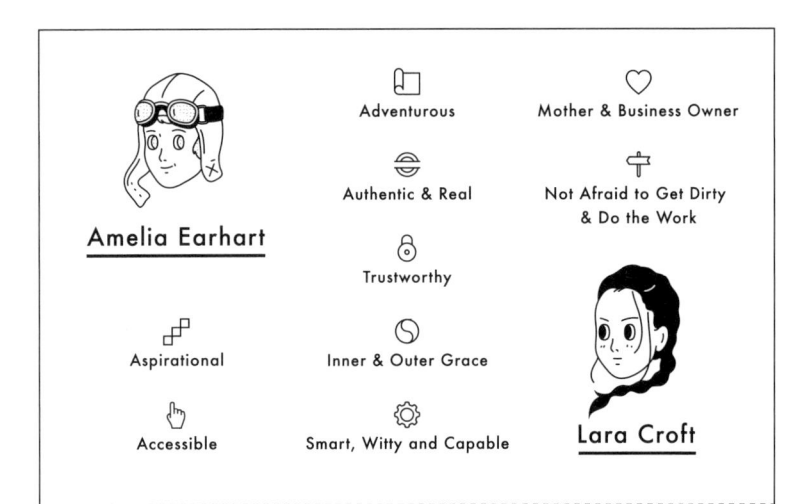

Amelia Earhart

Adventurous

Authentic & Real

Trustworthy

Aspirational

Inner & Outer Grace

Accessible

Smart, Witty and Capable

Mother & Business Owner

Not Afraid to Get Dirty & Do the Work

Lara Croft

このブランドは女性による女性のためのブランドで、独立したプロアクティブな女性をターゲットとしており、彼女たちにとってメンターとなるような存在であることが必要だと話し合いました。また若いミレニアル世代にも届かせたいということで選んだのが、アメリア・イアハートとララ・クロフト。女性飛行士のアメリア・イアハートは、年代を問わず愛され親しまれているアメリカの代表的国民ヒロインの一人であり、アメリカの女性の地位向上に大きく貢献した人物。そしてより若い層の心にも届くよう、人気キャラクターであり、知的で勇敢なララ・クロフトを選びました。

キーワード：
憧れる｜親しみやすい｜冒険的な｜嘘のない｜信頼できる｜才色兼備｜気のきいた｜母＆経営者｜自分の手を汚すことを恐れない

［ビューティー系ブランドAの例］ブランド・パーソナリティ（Brand Personality）

　このブランドを表す言葉をできるだけたくさん書き出してみましょう。

　「優しい」「穏やかな」「明るい」などの形容詞や、「誠実」「元気」「楽観的」などの名詞でも良いです。そしてそのなかから重要なものを10個くらいまでに絞る作業をしてください。

　他には、人々にとってどんな存在のブランドになりたいかを考えてみましょう。映画のなかのキャラクターや、歴史上の人物、女優や俳優など、たくさんの人が「こういう感じね!」と簡単に想像できて共有できるような人物が好ましいです。

　あとは人物だけでなく、音楽、色、香りなど、世界観を共有しやすいもので表してみるのも1つの方法です。

❺ ブランド・ビジョン (Brand Vision)

ブランドが目指す未来や思いを明示する

「このブランドは何を目指しているのか」

　このブランドを通して、何を目指しているのか、将来どうなりたいのか、社会にどういうインパクトを与えたいのか、といった実現させたい**ブランド側からの視点で叶えたいビジョンを明示**します。これははじめに行った、本質を引き出すプロセスで見えてきていると思うので、会社の理念や先述のブランド属性やブランド価値、ブランド・パーソナリティなどと矛盾がでないように、全てが同じ方向に向かったメッセージであるかを確認しながら進めていきます。

　このビジョンには、社会貢献の要素がある、環境に優しい、企業倫理がある、このブランドが社会や人々の生活を良くする、といった経済活動のためだけではない利他的な姿勢が求められます。いまの消費者、特に若い世代は、ブランドのビジョンに共感できなければ、そのブランドの商品やサービスを選ばない時代になっています。そしてあらゆるタッチポイントにおいて、このビジョンに沿ってこのブランドが進んでいるかをチェックしており、このビジョンに合わないアクションがみられると、反感をもたれます。これはブランドにとって多大なダメージ。ブランディングのゴールはこのブランドのファンをつくること。消費者にへつらう必要は全くありませんが、偽りない誠実なビジョンを掲げ、その実現に向かって真摯に努力していく姿勢が大切です。

> **We believe in the benefits of wellness via detoxification.**
>
> Our mission is to bring you an opportunity to learn about your exposure to wireless radiation and other toxins, and keep you well in the modern world by helping establish healthy, restorative routines of self-care that are key to a lifetime of good living.
>
> -
>
> 私たちは、健康で豊かな生活を、デトックスによって得られると信じています。
> 私たちのミッションは、私たちが如何にワイヤレスの放射線やその他の有害物質にさらされているかということについて学ぶ機会を人々に与えることです。そして、この現代で健やかに豊かな人生を送るための鍵である、健康的かつ治癒的なセルフケアを習慣づけることをお手伝いすることです。

［ビューティー系ブランドAの例］ブランド・ビジョン（Brand Vision）

　クライアントに伴走していく私たちにとっても、クライアントのブランド・ビジョンは非常に大切なもの。商品やサービスの弱み、課題などは一緒に問題解決していきますが、クライアントのもつビジョンは変えられません。ですので、私たちが全く共感のできないビジョンをもったクライアントのブランディングはお断りすることにしています。クリエイティブはブランドを導いていく重要な役割を担っています。ブランド構築チーム全体がビジョンに共感できていない状態での、気持ちを偽ったブランド構築はするべきではありません。

あなたの叶えたい夢は何ですか?

そのあと、以下の質問を掘り下げてみましょう。

● 今回のブランディングで解決したい問題点は何ですか?

● 会社として何を伝えたいですか?

● 会社の目指している最終的なゴールは何ですか。

● いまの会社で一番大切にしていることは何ですか。

これは、あなたがこのブランドを通して実現させたい未来です。そしてそれが時代や消費者のニーズに合っているか考えてみましょう。

自分と対峙して、このビジョンがあなたの心にきちんと沿っているか確認しながら進めてください。

❻ ブランド・プロポジション（Brand Proposition）

ブランドの中核となる概念を明示する

「このブランドはどんなブランドか？」

　ブランドDNAのなかで最も重要であり、ブランドの中核となるのがブランド・プロポジションです。いままで構築してきた、❷ プロダクト・ベネフィット　❸ ブランド属性とブランド価値　❹ ブランド・パーソナリティ　❺ ブランド・ビジョンの全てのエッセンスをできる限り短い文章で明確にわかりやすく書き示します。

　その際に注意が必要なのが、ブランド・プロポジションは、消費者の購買を目的とした広告のキャッチフレーズとは違うということ。ブランド・システムは北極星であるとお話しましたが、ブランド・プロポジションは、まさに北極星の中心。ここに向かってブランドに関わるすべてのものがつくられていきます。携わる人々の間で齟齬が生じないよう、機能的に書く必要があります。チーム全体でこのブランド・プロポジションを暗記して足並みを揃えます。

Brand A is a wellness & clean beauty brand that
creates pure, natural, therapeutic self care rituals
that initiate cellular renewal, rejuvenate the mind,
and protects and detoxify us from
the stressors of the modern world.

- -

ブランドAは、
ナチュラルで不純物を使わない、治癒的なセルフケアのルーティンを作りだすことで、
細胞再生や心の活性化、そして現代のストレス要因から守りデトックスを促す、
ウェルネス＆クリーン・ビューティのブランド。

［ビューティー系ブランドAの例］ブランド・プロポジション（Brand Proposition）

E X E R C I S E

プロダクト・ベネフィット、ブランド価値、ブランド・パーソナリティ、ブランド・ビジョンから最も大切なキーワードだけ抜き出してください。このブランドを語るには絶対に欠かせない要素だけピックアップします。

そのキーワードを使って、この文章を読んだだけで、このブランドが過不足なくきちんと理解できる五行程度の文章をつくりましょう。大切なのはシンプルで、明確に表現できていること。文章の質は気にする必要はありません。この文章の目的は、このブランドの本質的要素を、このブランドに関わる人々と、誤解なく正確に共有することです。色々な人に読んでもらい、正確に理解できるか確認しながら、修正してよりわかりやすいものをつくっていきましょう。

❼ 市場での位置付け（Tone in the Market）

　企業 / 商品 / サービスが市場のなかでどういう存在なのかを示す

　「このブランドは、競合のなかでどこに位置しているか？」

　ブランド・ポジショニングとも呼ばれるものですが、ブランド・プロポジションと混同されることが多いので「市場での位置付け」と呼んでいます。これは、自社ブランドが市場のなかで、他社の競合ブランドとどのように違っているかを、散布図（XYグラフ）でわかりやすく示したものです。

　それぞれのブランドの強みによって、何がX軸、Y軸に設定されるかは様々ですが、ブランド属性とブランド価値、プロダクト・ベネフィットから考えるのが良いと思います。つまり、最もこのブランドが競合から区別されるポイントで、かつ消費者にとって大きな購買決定となる要因のことです。

　近年のビジネスでは、従来の市場だけではなく、代替産業が参入していたり、情緒的な要素が重要になってきたりと、比較するポイントが複雑になってきています。柔軟に色々な切り口を考え、自社ブランドが最も差別化のできる位置づけを心がけましょう。

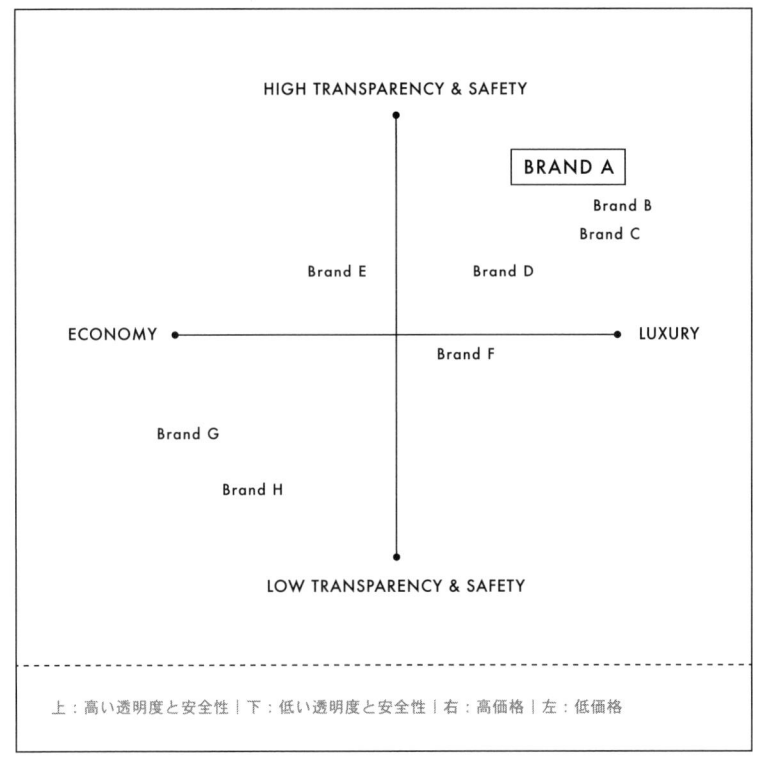

［ビューティー系ブランドAの例］市場での位置付け（Tone in the Market）

　トライ&エラーが必要ですが、まず出発点として、ブランド属性のなかの機能的属性を

みてみましょう。このなかで、消費者から需要があり、競合他社から差別化できる属性は

何ですか? また、自社でセールスポイントとして最も推していきたい属性は何でしょう?

　これらの属性を2つ選び、X軸とY軸に設定しましょう。X軸の最右側、Y軸の最上側がそ

の属性が最も優れているものになります。自社ブランドが一番右上の位置になるのがベス

トです。

　他の競合他社ブランドをこのグラフに当てはめてみましょう。もし、明確な競合ブランド

があるならば、先にその競合ブランドをリストアップし、自社ブランドの強みを活かしなが

らこの競合ランドスケープで自社が絶対的に差別化されるようなX軸とY軸を設定し、位置

付けをしてみましょう。

❽ ブランド・プロミス (Brand Promise)
ブランドが消費者や社会にむかって誓う約束
「消費者や社会は、このブランドに何を期待できるか？」

　ブランディングを説明するときによく言われるのが "Brand is Promise" すなわち、ブランドとは約束である、ということです。「あなたは信頼できる人ですか？」と質問されたとき、自分から「私は信頼できる人間です」と言ったところで、それを聞いただけでは周りの人々は信じません。あなたが信頼できる人であるかどうかを決めるのは、あなたを客観的にみることができる友達や同僚などのあなたの周りの人々です。「あの人は信頼できる人だよ」と周りから言われてはじめて、あなたは信頼できる人であると評価されるようになります。

　それではなぜ、あなたの周りの人たちはあなたを信頼できる人だと言ったのでしょうか？ それは、あなたがいままでずっと、彼らとの約束を守り続けたからです。あなたがやると言ったことを、何度もこつこつと誠実に行動として実現してきた結果なのです。約束したことを真摯に守ってきた結果、あなたは「この人は信頼できる」という評判を得たのです。これがブランドの評判を決める基本的な考え方です。

　ブランド・プロミスは、企業やブランドがどんな価値や体験を消費者や社会に提供できるか、ということを宣言したもの。これは、企業から消費者や社会への約束で、この約束を常に守り続け、発言と行動に矛盾なく宣言を実行することで、消費者や社会の信頼を獲得していきます。

　ブランドの一番大切なこと。それはこの約束を守り続けることだと言えます。

We use only the founder sourced, natural ingredients and stay
transparent about every ingredient and every source.

—

All product and packaging ingredients are safe, non-toxic, and free
of toxic-processing and manufacturing.

—

We are devoted to fair trade, and we bring light and resources to
little known farmers and harvesters around the world and their
families and villages.

- -

・私たちは、オーナー自ら選定したナチュラルな原料のみを使い、その原料と生産者に関して常に透明であります。
・使用している全ての原料とパッケージは安全で有害物質を含んでおらず、また有害物質を発生させない工程、工場で作られています。
・私たちは、フェアトレードを通じて、世界中の小さな生産者を支援しています。

［ビューティー系ブランドAの例］ブランド・プロミス（Brand Promises）

EXERCISE

プロダクト・ベネフィットとブランド・ビジョンをみてみましょう。

あなたが目指すブランド・ビジョンの実現と、この商品やサービスを通して消費者や社会が得る利点を考えたとき、ブランドとして何を約束して継続的に守っていく必要があるでしょうか？　ブランド属性を照らし合わせ、どういうブランドであり続け、どのように思われたいかも考慮し、これらの実現を叶えるために必要なブランドとしてどんな努力をするか箇条書きにしてみましょう。努力は必要ですが、きちんと確実に有言実行ができる約束である必要があります。

❾ ブランド構造（Brand Structure）

企業、商品／サービスとブランドの関係性を明確にする

「このブランドはどういう構造をしているのか？」

　会社にとって、このブランドはどういう立ち位置になるのかを明示します。

　企業（コーポレート・ブランド）と商品ライン（プロダクト・ブランドライン）、そのなかのそれぞれの商品（プロダクト）がどういう関係性で事業を展開しているか、またどういう風に作用し合っているかをわかりやすく図で示します。

　大企業の大掛かりなブランディングの際には、ブランド体系を細かく設定する必要がありますが、中小企業のブランディングの場合は社内でブランドの構造がシンプルに共有できる程度のもので十分です。

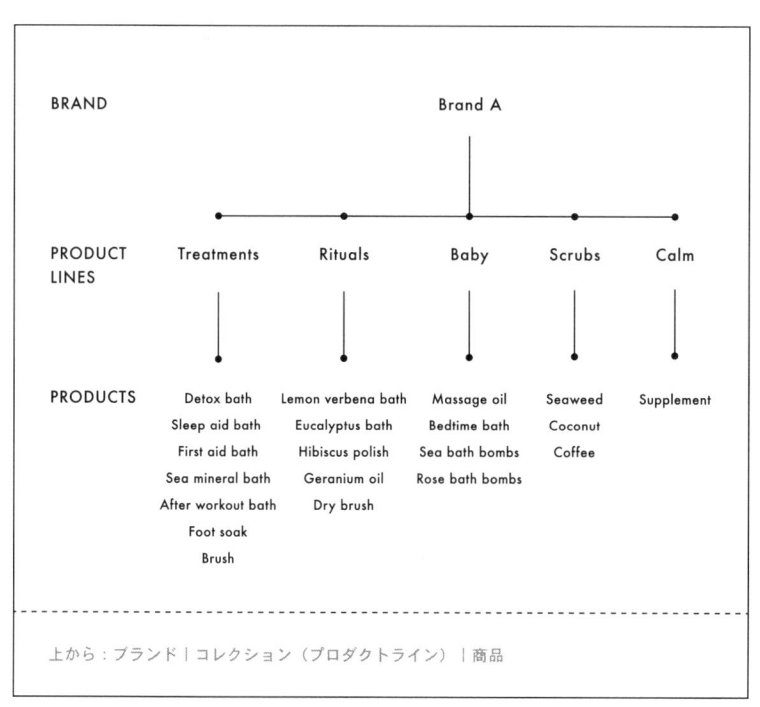

BRAND		Brand A		
PRODUCT LINES	Treatments	Rituals	Baby	Scrubs	Calm
PRODUCTS	Detox bath	Lemon verbena bath	Massage oil	Seaweed	Supplement
	Sleep aid bath	Eucalyptus bath	Bedtime bath	Coconut	
	First aid bath	Hibiscus polish	Sea bath bombs	Coffee	
	Sea mineral bath	Geranium oil	Rose bath bombs		
	After workout bath	Dry brush			
	Foot soak				
	Brush				

上から：ブランド｜コレクション（プロダクトライン）｜商品

［ビューティー系ブランドAの例］ブランド構造（Brand Structure）

E X E R C I S E

　自社のブランドのブランド構造を図にしてみましょう。一般的なのは、例でお見せしたようなコーポレートブランド（会社）が上にあり、その下にプロダクト・ブランドラインがきて、その下に個々の商品がくるというかたちです。

⓾ ブランド・エクスペリエンス（Brand Experience）

このブランドを通して消費者が得られる特徴的な体験をつくりだす

「このブランドではどんな体験ができるか？」

エクスペリエンス＝体験・経験。このブランドで、消費者が実際にどんな体験ができるか考えます。商品であったら「販売する・購買する」という体験が軸になりますが、こういった一般的なものではなく、このブランドを特徴付けるような体験を考えます。

例えば、ホテルのブランディングでは「タブレットによる無人チェックイン」や「託児所がある」、レストランなら「屋上にある畑でつくった野菜を使っている」、「イタリアワイン、フランスワイン、日本酒それぞれに特化したソムリエ・喇酒師がひとりずついる」など。

この体験は、あくまでいままで構築してきたブランドDNAの一部。**矛盾なく一貫した世界観の一部としての体験**でなければなりません。「環境負荷を少なくする」というビジョンをもつブランドなのに、実際には過剰個別包装やプラスチックを多用していては、本末転倒。

しかし逆に言えば、発想の転換で、過剰包装をしない、プラスチックの利用を極力減らす、などもブランドにとってプラスのブランド・エクスペリエンスになります。ただ単に商品を売ることだけでは十分ではありません。

企業も消費者とともにいかに価値をつくり出していけるかということが重要です。これにはクリエイティブに柔軟に、色々な視点から、企業、消費者、社会がともにWIN WINになるようなユニークなブランド・エクスペリエンスをつくり出していく必要があります。

At the pop-up store, customers can personally meet the founder, the face of the brand and influencer:

A former model who was faced with two significant health crises; the possibility of not having children and an advanced case of PTSD due to living in the ever-turbulent Middle East.

She dismissed the ideas of surgery or a lifetime of medication and instead sought out alternative holistic healing modalities.

Her glamour, as well as her international lifestyle as a mother and entrepreneur who is unafraid to get her hands dirty in service of quality, she is the perfect role model and aspirational figure.

The customers can share with her their own personal story and seek her advice, while getting a personal demonstration of the products.

POP-UPストアにて、ブランドの顔でありインフルエンサーである設立者に会うことができます。
元モデルの彼女は、人生で2つの大きな身体的問題に直面しました：子供を授かることができないかもしれないということ、そして紛争の絶えない中東で暮らしていたことから発症した重度のPTSD。
手術や、一生薬を飲み続ける人生を受け入れられなかった彼女は、代わりに自然な力で治癒するホリスティック医学を研究しました。
彼女の魅力的な美貌、そして母として経営者としてのインターナショナルなライフスタイルは、他の女性にとって憧れの存在です。
POP-UPストアでは、実際に彼女から商品の使い方を教わりながら、人生や健康の相談をすることができます。

［ビューティー系ブランドAの例］ブランド・エクスペリエンス（Brand Experience）

　自社の商品のブランド・エクスペリエンスを考えるとき、どこから手をつけはじめればよいのかわからないことが多いと思います。そのときは、ブランド属性の図をみてみましょう。

　まずは機能的属性で商品・サービス自体の実質的な価値を確認します。そして、その商品やサービスを利用するときに、消費者にどんな体験をしてもらうと、感情的属性に設定してあるように感じてもらえるのかを考えてみましょう。

　鍵になってくるのは発想の転換。商品価値ではなく、その商品を利用するときに価値が発生するような体験をつくりあげる、と考えてみてください。想像力を膨らませて、思いっきり遊んでみてください。そして、文章と写真などを使いながら、生き生きとわくわくするような体験を表現してみましょう。

⓫ トーン・オブ・ボイス（Tone of Voice）

ブランドの言語コミュニケーションのガイドラインを設定する

「どういったトーンの語り口、言い回しでブランドを表現するか？」

　前述しましたが、ブランドを体現するには、バーバル（Verbal：言語）とビジュアル（Visual：視覚）のふたつの側面から表現していきます。

　ここではブランドDNAのカテゴリーとして説明しますが、ここからの⓫ トーン・オブ・ボイス　⓬ ブランド名称　⓭ ブランド・ストーリー　⓮ タグラインは、実はバーバル・アイデンティティの要素です。

　しかしながら、これらはブランドを定義するのに非常に重要な要素であること、また、私たちのブランディングは最終アウトプット重視のデザイン主導のブランディングですので、上記のバーバル・アイデンティティは、ブランドDNAとして扱い、ビジュアル・アイデンティティは別枠で設定していきます。

　トーン・オブ・ボイスは、このブランドに関わるすべてタッチポイントで、消費者が一貫した世界観を感じてもらえるように、言語を使用した表現をするときの語り口、口調、言い回しといったトーンを統一するための設定のことです。これはスピーチだけではなく、文章で書く場合も含まれます。トーン・オブ・ボイスは、これからつくっていく、バーバル・アイデンティティ全てのガイドラインとなり、コピーライターやライターもこのガイドラインに沿った語り口で文章を書きます。

　どういった話し方をするかは、相手に与える印象を左右する大切なポイント。理路整然と話すのか、ふんわり優しく話すのか、敬語で話すのか、友達のようにカジュアルに話すのか、どんな声で? どんな大きさ

で?

　これを設定し統一することによって、このブランドから発信される
メッセージに統一性が保たれ、矛盾のない世界観として消費者に伝わり
ます。

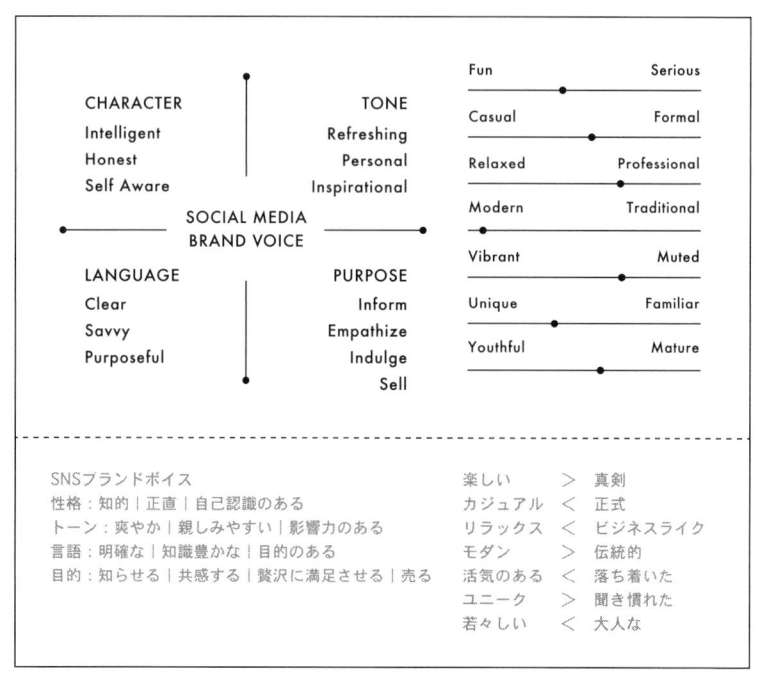

［ビューティー系ブランドAの例］トーン・オブ・ボイス（Tone of Voice）

　ブランド属性のなかの感情的属性とブランド・パーソナリティをみてみましょう。

　消費者にこの2つを感じてもらうためには、どのような話し方をすると良いでしょうか?

感情豊かに? 機能的に? まじめに? 遊び心たっぷりに?

「~である」というのか「~です」か、「~だよね」と話しかけるのか?

　トーン・オブ・ボイスの項目の図を参考に、あなたのブランドを表現するにはどのよう

に消費者に語りかければ良いのか、考えてみてください。

⓬ ブランド名称（Naming）

ブランドの世界観や価値を表現する名称をつくる
「このブランドの名称は？」

　ブランドの呼び名となる名称は、ブランドを表すなくてはならない要素。ロゴとならんで、ブランドの顔となる要素です。

　ブランドの本質と名称は深くリンクしています。ブランド名称を考えるとき押さえておきたいポイントは、ブランドの世界観を連想させる名称である、覚えやすい、読みやすい、発音しやすい、海外展開したときに通用する、ネガティブな印象を与えない、商標として使用する市場で法的に保護されているなどです。名前を聞いただけで、一瞬でブランドの価値が伝わるものや、一見意味をなさない名称に聞こえるけれど説明を聞いてみると説得力のある名称、ブランドの雰囲気や世界観を表現したもの、など様々です。

　しかし、どれに関しても言えるのが、名称を考えるときには、一貫性が欠如しないようロジカルシンキングが必須であること。ブランドDNAから逸脱することがあってはなりません。

　一瞬でわかるかわからないかに関わらず、ブランド価値と論理的につながっているか、

　その言葉の雰囲気が、感情的属性やブランド・パーソナリティに沿っているかを考えましょう。

　Appleのように凡庸性の高い名前でも良いですが、この名前でブランドを即座に想像するようなブランドイメージをつけるのは長い時間と努力が必要でハードルが高いうえ、ターゲット市場での商標の取得も困難で、インターネットのサーチでもあがりにくくなります。

　できれば唯一無二な造語や、ユニークな言い回しの言葉をできるだけたくさん考え、選んでいきましょう。

　その際によく頭に入れておきたいのが、この言葉の最終アウトプットがビジュアル・アイデンティティの要であるロゴになるということ。これらを総合的に考え、一番ブランドを表現している名称にしましょう。

⓭ ブランド・ストーリー（Brand Story）

消費者に伝える、ブランドを情緒的に語るストーリー

「心に響くブランドのストーリーは何か？」

　ブランド・プロポジションは、ブランドの本質を概念化した文章ですが、正しく伝えるための文章であり、情緒はありません。

　ブランド・ストーリーは、人々にこのブランドをエモーショナルに理解し、共感してもらうための心に響かせるストーリーです。内容は、この会社やオーナーのバックグラウンドや歴史、どういった思いでブランドを立ち上げたか、目指していきたい未来は何かなどをより偽ることなく情緒的に伝えます。それによって、ブランドに関わる人々や消費者が、ブランドに共感し、もっと深いところでブランドとつながります。単なるブランドの歴史やブランドについての説明と思われがちですが、ブランド・ストーリーは、ブランドそのもののアイデンティティをかたちづくる、ブランドにとって最も重要な要素のひとつです。ブランド（会社）や商品について、物語を語るように人々に伝えることで、興味を持ってもらい、支持してもらい、ファンになってもらいます。

　事実だけを淡々と述べるのではなく、お客さまが心で感じ、インスピレーションになるようなものが、良いブランド・ストーリー。そのストーリーを通してお客さまがそのブランドや商品を「経験」するように語りかけるものです。

　心に訴えかけるためには、人と人との繋がりが必要です。つまり従来の広告文句のような一方的な内容ではなく、人の目線で伝え、そして伝えられた側が感じたり考えたりする余裕があることが大切です。そうす

ることで、お客様と見せかけではない本質的な部分での繋がりが生まれます。

インターネットやSNSが普及した現在では、ブランドを成長させる上で、コンテンツを作り発信していくことが重要です。SNSといっても複数のチャンネルがありますが、ブランドらしさをブレることなく伝えることは容易ではありません。しかし、このブランド・ストーリーがしっかりしていると、一貫性のあるコンテンツがつくりやすくなります。また、各コンテンツがひとつの大きなブランド・ストーリーとして形成され、お客様にもブランドのメッセージが強く効果的に伝わりやすくなります。

良い物語は語り継がれます。ストーリーに共感し、実際に商品やサービスを使ってファンになり、そしてその人がそのストーリーを友人や家族に伝える。これが理想的なブランド・ストーリーと言えます。

Modern life can be overwhelming: toxins, mental overwhelm. We are constantly plugged in and "on". It is essential for the modern woman to have a safe haven where she can find respite from the chaotic obsessions of modern living and nourish her inner light. To have a ritual where she can slough off the stresses on her body, mind and spirit, and get back to her natural state: radiantly rejuvenated.

Brand A provides the remedies, tools and lifestyle pieces to detox, unwind, and unplug in order to truly live well in the modern world.

- -

溢れる有害物質。精神的ストレス。現代社会で生きていくのは大変です。私たちは常にスイッチが入った状態。そんなあまりにもカオスな現代で生きている女性にとって、ひと息をついて、精神的な安らぎを得ることは必要不可欠です。肉体的、精神的なストレスを解き放ち、自然な状態へと蘇りましょう。
ブランドAは、デトックスし、緊張をほぐし、スイッチをオフにして、この現代で健康に豊かに生きるためのお手伝いをします。

［ビューティー系ブランドAの例］ブランドストーリー (Brand Story)

EXERCISE

ブランド・プロポジションから膨らませていきましょう。

ブランド・ストーリーの成功の鍵は「共感」です。このブランドに関わるすべてのエピソードを話し合ってみましょう。ブランド全体ではなく、ブランドオーナーや社員の思い、開発にいたったきっかけなど、些細なことでも構いません。聞く人が引き込まれ、インスピレーションを受ける、記憶に残るようなストーリーが良いブランド・ストーリーです。

社内だけですと、特筆する話でもないと思っていることも多いので、外部の人間にヒアリングをしてもらい、Fresh Eyes (新鮮な視点) で話を引き出してもらうのも有効です。

⓮ タグライン（Tagline）

ブランドのエッセンスを簡潔に表現した言葉

「このブランドの世界観を一言で表すと？」

タグラインとは、ブランドの感情的価値、機能的価値といったブランドのエッセンスを短い言葉で表したものです。スローガン、モットーなどとも呼ばれます。ナイキの "Just Do It." やAppleの "Think Different" はタグラインです。

タグラインとよく混同されるのが、広告で使われるキャッチコピー。特に、ブランドのローンチ後は認知度が低いため、広告にタグラインをキャッチコピーとして使用することがあり、混同されることが多いのかもしれません。しかし、このふたつは全く違う用途のものであり、キャッチコピーは消費者を魅せるためのもの、タグラインはブランドを定義するものです。

タグラインは、通常ブランド名称とともに使用され、ブランドが消費者や社会にオファーする世界観やプロミスやビジョン、差別化ポイントを、素早く印象深く伝えるものです。良いタグラインは、**短く、覚えやすく、独自性があり、ポジティブで、ブランドの差別化ポイントを表し、ブランドの世界観に合っている**必要があります。

タグラインは、ブランド名称のサポート役のような存在だと考えていただくと良いと思います。

WELLNESS FOR THE MODERN WORLD

［ビューティー系ブランドAの例］タグライン (Tagline)

自社ブランドの他社にはないスペシャルな特質やビジョンは何でしょうか?

短い言葉で、できるだけたくさんのブランドの特質を表現した言葉を考えてみましょう。

ブランド名称と総合して考えてみてください。そのなかで、覚えやすく、独自性があり、ポ

ジティブで、ブランドの差別化ポイントを表した、トーン・オブ・ボイスに合ったスローガ

ンを選びましょう。

03　ビジュアル・アイデンティティ
ブランドの本質を体現する

ブランド・システム			ブランド コラテラル		
STEP 01	STEP 02	**STEP 03**	STEP 04	STEP 05	STEP 06
ヒアリング・リサーチ・分析	ブランドDNA	ビジュアルアイデンティティ	ブランドコラテラルの構築	インナーブランディング	ブランドマネジメント
ブランディング					

　せっかく素晴らしいブランド戦略が明確に定義できても、それが体現できなければ、ブランドとして全く機能しません。ブランドDNAができたら、それを消費者や社会に魅力的に伝わるよう、ビジュアル・アイデンティティ（Visual Identity）を構築していきます。ビジュアル・アイデンティティは、アートディレクターやグラフィック・デザイナーによってつくり上げられますが、ブランディングの途中から採用するのではなく、ブランド・システム構築の段階から、経営戦略のチームとして参加しているほうが、最終アウトプットを描きながらより強いブランドをつくることができます。

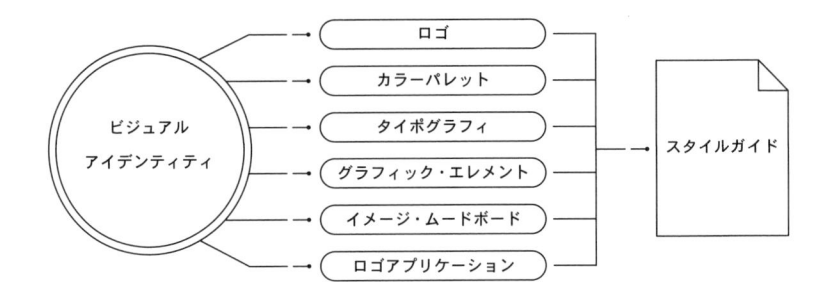

ビジュアル・アイデンティティ（Visual Identity）

　ビジュアル・アイデンティティ（VI）は、これからつくり上げていく制作物の基礎となるビジュアルのルールで、全てのビジュアルがこのVIに従ってつくられていきます。

　ブランドDNAでつくり上げたものを視覚的に伝え、ターゲット・オーディエンスにとって魅力的に表現するのが目的です。ですので、ターゲット・オーディエンスや市場を理解していないアートディレクター、ビジュアル・リテラシーの低いグラフィックデザイナーだと、せっかく設定したターゲット・オーディエンスにリーチすることができず商品が売れなかったり、ブランドの目指すところと違ったターゲット・オーディエンスを呼び込んでしまい、ブランドイメージが下がってしまったり、ということになります。

　日本でよく見られるのは、価格帯の高いラグジュアリー・ブランドとして富裕層をターゲット・オーディエンスに設定したブランド戦略を構築したにもかかわらず、ラグジュアリー・ブランディングの経験のないアートディレクターを雇ってしまったため、ターゲット層の好むビジュアル・アイデンティティの構築ができず、ターゲットに全くリーチでき

なかったというものです。アートディレクターを選ぶ際には、ブランドのターゲット・オーディエンスを理解していること、高いデザイン能力があるかを見極めることが必要です。

ルック・アンド・フィール（Look and Feel）

前述したように見た目や雰囲気をルック・アンド・フィールと呼びます。バーバル・アイデンティティにおいてのトーン・オブ・ボイスと同じく、これを基にビジュアル・アイデンティティが構築されていきます。

ビジュアルの世界観という抽象的なものを複数の画像を使って表現するムードボード（Moodboard）を作成し共有するので、アートディレクターやグラフィックデザイナーの感受性やセンス、感覚で決定されます。ブランドDNAを体現し、特にそのなかのブランド・パーソナリティとキーワードに、矛盾なく揃っている必要があります。

ビジュアル・コンセプト（Visual Concept）

どのようにブランドDNAをビジュアルに落とし込んだかを説明します。インスピレーションを受けたもの、どの問題を解決しているか、消費者にどういった印象を与えることを狙っているかなどを記し、理解を促します。

ロゴ（Logo）

ブランドの顔とも言えるロゴ。ブランドを象徴する要素です。ロゴの目的は、このブランドが他のブランドとは異なると消費者に識別させ、独自のものであると示すこと。ブランドDNAを表現していることはも

ちろん、独自性があり、他とは差別化されていることが求められます。

　人々がこのロゴを見て「あのブランドだ」と瞬時に認識できる強いロゴが必要です。同時に、名称と同様、商標として保護されるものなので、既存のロゴとは異なる独創性の高いものにすることが重要です。

　世界に存在するおびただしい数のロゴを連想させないものをつくるのは難しいことですが、細心の注意を払い、グラフィックデザイナーの個性やスタイルを活かし、他にはない切り口やグラフィックアプローチで、唯一無二のロゴを作成することが求められます。

　同時に、ユニークかつ機能的なロゴが良いロゴと言えます。独自性が高く使いやすいロゴにするためには、ブランド名称を文字ベースにデザインしたタイプセット（Typeset）のロゴと、ブランドをシンボルとしてデザインしたロゴマーク（Logo Mark）の2種類をつくっておくと効果的です。ブランドの立ち上げ時は、ブランドを認知させるためにタイプセットのロゴを主体に押し出していく必要がありますが、ブランドの認知度が上がったら、NikeやAppleのロゴマークのようにブランド名称がなくてもロゴマークだけでブランドの認知ができるようになります。

　また、ブランドが最終的に目指すところは同じでも、時代からずれたり提供する価値が変わってきたりと軌道修正が必要な場合は、いままでのロゴのエッセンスは継承しつつ、新しいブランドとしてロゴの改定が必要です。

カラーパレット（Color Palette）

　ブランドを象徴する色を設定します。オレンジを見るとHermes（エルメス）、エメラルドグリーンを見るとTiffany&Co（ティファニー）を、赤

と黄色を見るとMcDonald's（マクドナルド）など、ブランドは色で連想されやすく、世界観を表現するのに効果的です。その際に、1色だけ決めるのではなく、このブランドで使用する色はあらかじめ設定し、全てのヴィジュアルにおいて設定したカラーパレット以外の色は使わないようにします。どの色をどのくらいの比率で使用していくかも明確に設定します。

タイポグラフィ（Typography）

このブランドで使用する書体を設定し、ブランドの文章やコピーは全てこの書体で表示します。日本のブランドであれば、日本語の文章用の日本語フォント、英語用の英文フォント、ウェブサイトなどのデジタル制作物で使用するWEB用フォントの設定が必要です。既成の書体を使っても良いですが、ブランド独自の書体を作成すると、更に独自性がアップし差別化が図れます。

グラフィック・エレメント（Graphic Elements）

グラフィック・エレメントは、ブランドを象徴する独特のグラフィック要素のことです。カラーパレット同様、こちらも連想を促す効果的な要素です。MichelinのBibendum（日本ではミシュランマン）や、Coca Colaのシロクマなどのキャラクター、Louis Vuitton（ルイ・ヴィトン）のモノグラムや、Burberry（バーバリー）のチェック柄といったものが代表的です。また、独特な印象を与える文字の使い方や、罫線の使い方などもグラフィック・エレメントとして設定します。

イメージ・ムードボード（Image Moodboard）

写真を使用する際の雰囲気を規定するムードボード。写真は、ブランドの世界観を見た人に瞬時に感じてもらえる重要な要素です。色調、明るさ、コントラスト、構成、スタイリングなどのルック・アンド・フィールを設定します。フォトグラファーの選定は、このイメージ・ムードボードに沿って行われます。

ロゴ・アプリケーション（Logo Applications）

ロゴ及びVIの使用例です。VIに従って作成された制作物がどのように見えるのか、どんな雰囲気になるかを具体的にサンプルレイアウトとして見せます。使い方の細かい規定はスタイルガイドで設定します。

ブランド・ガイドとスタイルガイド

ブランド・アイデンティティの構築が終了すると、ガイドラインをつくりこのブランドに携わる人たちが共有できるようにします。一般的なガイドラインとして、ブランドDNAのガイドラインであるブランド・ガイド（Brand Guide）、バーバル・アイデンティティのガイドラインであるコピースタイル・ガイド（Copy Style Guide）やライティングスタイル・ガイド（Writing Style Guide）、ビジュアル・アイデンティティのガイドであるスタイル・ガイド（Style Guide）などがあります。このブランド・システムの構築では、VIのルールの入ったスタイル・ガイドを含んだブランドガイドを作成します。

2

ブランド・コラテラルの構築

　コラテラルとは販促物などブランドの世界観をつくり上げる全ての制作物のことです。コラテラルは、消費者とブランドが接するタッチポイントにおいて、消費者にブランドの世界観を伝える重要な要素。ここではブランド・コラテラルについて詳しく説明していきます。

04 ブランド・コラテラル
タッチポイントでブランドの世界観をつくり出す

	ブランド・システム		ブランド コラテラル		
STEP 01	STEP 02	STEP 03	STEP 04	STEP 05	STEP 06
ヒアリング・ リサーチ・分析	ブランドDNA	ビジュアル アイデンティティ	ブランド コラテラルの構築	インナー ブランディング	ブランド マネジメント
ブランディング					

コラテラルはたくさんありますが、以下のものが代表的です。

ショップカード、名刺、封筒、便箋、カタログ、ウェブサイト、SNS、パッケージ、ショッピングバッグ、広告、CM、ポスター、雑誌広告、内装、外装、館内サイン、看板、街頭サイネージ、ニュースレター、ユニフォーム、メニュー、コースター、マッチ、インフォグラフィックスなど

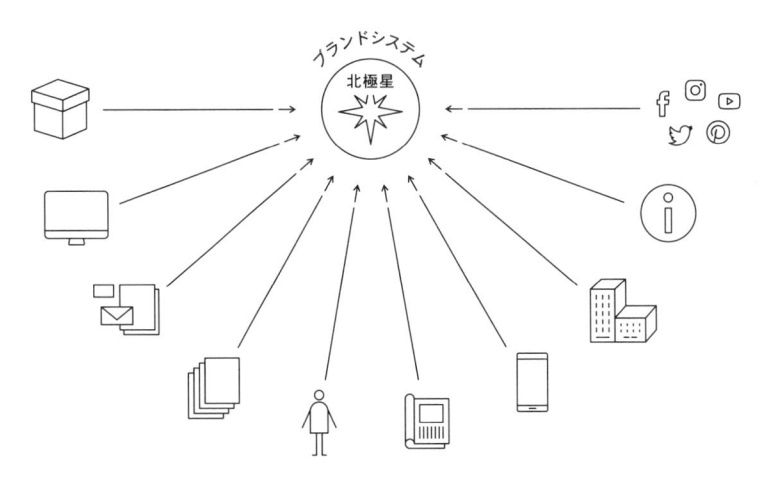

すべてのものが北極星（＝ブランド・システム）に向かって一貫性をもって作られ、
サービス・企業として目指しているものが明確に伝わる

　大きさや規模に関わらず、ブランドの世界観を発するものがすべてコ
ラテラルです。

　すべてのコラテラルがガイドラインに忠実に従い、一貫性を持ってい
る必要があります。コラテラルに使用される文書やコピーはトーン・オ
ブ・ボイスに、ビジュアルはビジュアル・アイデンティティに沿ってい
る必要があります。

　そして大切なのが、「これはあのブランドね！」と感じてもらえる統一
感を保ちながら、ブランドの魅力を存分に伝え、触れる人がファンに
なってしまうような魅力的なものでなくてはなりません。

　ブランド・アイデンティティを理解しつつ、存分にクリエイティビ
ティを発揮し、ひとつひとつのコラテラルが触れる人をワクワクさせる
ようなクオリティに昇華させることが大切です。

　巻頭4ページから7ページに、コラテラルが揃っている例を掲載しました。実際にビジュアルでも体感してみてください。

The Montessori Schools（P4）

JAZZ HOUSE KIDS（P5）

SHAKESPEARE & CO.（P6）

Fika（P7）

3

インナー・ブランディング

　ここまでのブランディングは、顧客や社会などに向けた「外向き」の
ブランディングでした。この外向きのブランディングを支え、実現して
いくのは、このブランドで働く人々。この人たちがこのブランドの価値
と方向性を正しく理解し共感し、共通の意識を持って行動することが、
ブランディングには不可欠です。

インナー・ブランディング
社内で足並みを揃える

	ブランド・システム			ブランド コラテラル	STEP 05	
STEP 01	STEP 02	STEP 03	STEP 04	**STEP 05**	STEP 06	
ヒアリング・ リサーチ・分析	ブランドDNA	ビジュアル アイデンティティ	ブランド コラテラルの構築	インナー・ ブランディング	ブランド マネジメント	
ブランディング						

　社員にブランドの理解を浸透させることをインナー・ブランディング（Inner Branding）と呼びます。ブランディングは「らしさ」を引き出し伝わるかたちにすること。そしてブランディングのゴールは、ファンになってもらうこと。企業のブランディングにおいては、顧客や社会はもちろんのこと、その会社で働く社員は一番大切なターゲット・オーディエンス。この人たちが会社のビジョンに共感し、やりがいを感じながらハッピーに仕事ができないのであれば、ブランディングは失敗です。

　逆にブランディングが成功している場合は、インナー・ブランディングによって浸透したビジョンに共感した社員が、愛社精神と誇りを持って仕事をするので、モチベーションや満足度が向上し、それが行動や顧客へのサービスや対応に表れ、顧客満足度も上がり、良いスパイ

ラルが起こります。これは、良いブランディングの項目として挙げた「GOVERNANCE: 企業倫理／ガバナンスがある」と繋がる部分。こうした会社には、ビジョンに共感した会社に適した人材が集まり、社員の満足度が高いので離職率も低減します。働きやすい環境で、やりがいを感じながら、責任を持って参加する、社員全員でつくり上げる会社は、個人の自己実現のために企業が存在する、というスタンスをもっています。これは世界の企業が向かっているあり方です。

　また、商品やサービスのブランディングにおいてのインナー・ブランディングも同様で、社員自らがこのブランドを理解し共感しファンになることで、モチベーション高く一貫性のある世界観を実現することができます。同時に、従業員が高い意識で行動することで顧客満足度も上がり、ブランドイメージやブランド価値の向上に繋がります。

　インナー・ブランディングを成功させることは簡単なことではありませんが、日々真摯に取り組み、成功に導くことができれば、企業にとっても喜ばしい効果が期待できます。

4

ブランド・マネジメント

　ブランディングが完了したら、ブランドを管理しなければなりません。つくり上げたブランドは、ブランドイメージを損なわないよう細心の注意を払い、ブランド価値の向上のため一貫性を持って進化を続ける必要があります。

STEP 06 ブランド・マネジメント
ブランドを管理する

ブランド・システム			ブランド コラテラル		
STEP 01 ヒアリング・ リサーチ・分析	STEP 02 ブランドDNA	STEP 03 ビジュアル アイデンティティ	STEP 04 ブランド コラテラルの構築	STEP 05 インナー ブランディング	STEP 06 ブランド マネジメント
ブランディング					

　ブランドは企業の価値を左右する重要な資産。ブランド価値は無形資産であり、有形資産以上の価値をつくり上げることも可能です。

　海外では多様なブランド価値の算出方式があり、ブランド指数によって実際にその価値が数値化されます。2018年度のブランド価値の高い企業は、1位Apple, 2位Google, 3位Amazonとなっています[※]。

　日本でも経済産業省が、2007年前後にブランド価値の評価モデルを考案していたようでしたが、適正な評価が難しく実施までには至らなかったようです。日本ではいまも無形資産であるブランド価値があまり評価されていないというのが現状です。

　海外ではブランド価値が無形資産として社会で認知されているため、ブランド価値を守るためにブランドを管理することに議論の余地はあり

(※) https://www.interbrand.com/best-brands/best-global-brands/2018/ranking/

ません。

　海外の企業では、クリエイティブとともにブランド・ディレクターやブランド・マネージャーなど、ブランドを統括して管理する人や部署が社内にあり、ブランドが間違った方向に進んでいないかを常にチェックしていくのが一般的です。規模の小さいブランドでは、外部から専門家を雇い、定期的にブランドがブレないように管理していきます。

　ブランディングは長期的な経営戦略。そしてブランディングを成功させるには、社内が一丸となって足並みをそろえてぶれずに進んでいくのが最も重要なポイント。ですので、大企業に比べて規模が小さく、コントロールしやすい中小企業には有利な経営戦略と言えます。

　日本でよく見かけて残念だと思うことは、ブランディング後の管理ができていないこと。例えば、いわゆる「ブランディング」をしたであろうロゴや内装などのコラテラルが素敵に仕上がっているレストラン。しかしながら、従業員の接客が悪かったり、ブランドに沿わないようなものが買い足して使われていたり、現場の利便性を優先して色々なものが客の目につくところに置かれていたり。結局、狭義のデザインである見た目の良いところだけが残って、深いところまでは浸透していない様子でした。

　ブランディングは総合体験であり、ずっと続いていく長期戦略です。きちんと細部にまで神経を使い、世界観を保っていけば素晴らしい効果が期待できます。しかしその一方で、小さな矛盾が不信感を招き、ブランドイメージを落とすことに繋がるのです。

　次のACT 04では、私たちの携わったブランディングの事例をご紹介します。

Uberのブランドイメージ回復大作戦

#DeleteUber運動に発展し、約20万人のユーザーを失ったUber。そのイメージを回復するために、まずは転落の一因ともなった創業者CEO本人が退き、新しいCEOを迎えました。

新CEOの最大の課題は、失ったUberの信頼をユーザーから、スタッフとドライバーから、そして地域から取り戻すことでした。就任してから最初の2週間は、ドライバーからコールセンターの従業員まで、とにかく様々な部署のスタッフから話を聞くことに徹底したそう。勝つためなら手段を選ばない前CEOの手法とは真逆の、真摯に向き合う方法を選んだのです。

その後、Uberで初めてのチーフ・ダイバーシティ＆インクルージョン・オフィサー（CDIO）[※1] が就任し、社内の多様性を拡大。また、壊れたブランドイメージを回復させるために、初のチーフ・マーケティング・オフィサー（CMO）[※2] も起用しました。どちらも女性です。

そして2018年には、大規模なリブランディングが発表されました。スタッフやユーザーの声を何よりも尊重したという新ブランディングは、1年近くかけて慎重に進められたそう。新ロゴは、フレンドリーさを意識した丸みのあるものに生まれ変わりました。

努力の甲斐あってか、2018年のグロス・ブッキング（ドライバーの取り分を引く前の総売上額）は、前年から45％アップ。そしてそれよりも興味深いのが、米国CNBCが毎年発表している「ディスラプター50」[※3] の2018年版で、Uberが堂々の2位に選ばれたことです。Uberは、2016年には1位に輝いていたものの、スキャンダルの影響で2017年には19位までに転落していました。

この返り咲きには、新しい事業が考慮されたのはもちろん、膨大なデータから得られる独自の交通情報をシェアすることで、地域に貢献するという姿勢が評価されたことが大きな要因でした。

（※1）少数派民族や女性、LGBTQなどマイノリティの登用を促進し、会社の多様性の拡大と、社内差別の監視・管理する役割。
（※2）企業が行うマーケティング全般の責任者。
（※3）市場を混乱させるほどイノベーティブなビジネスを展開している企業のトップ50。

一度失った信頼を取り戻すのは簡単なことではありません。Uberのイメージはまだまだ
完全に回復したとは言えませんが、それでも着実に前進をしていると言えるでしょう。

CASE STUDIES

ブランディング事例

1

新ブランドラインの展開

高級ブランドからマス向けラインを：Pursoma

　Pursoma（ピュアソマ）はニューヨークを拠点とするビューティー・ウェルネスのブランド。セラピーバスソルトをはじめとする、「セルフケア」をテーマとした商品を展開しています。商品に含まれる原材料の全てをオーナー自ら世界中を回って厳選し、不純物を一切含まない

100%ナチュラルであることに強いこだわりを持っています。ニューヨークをはじめとした全米の高級スパやブティックなどで取り扱われており、その効果の高さに熱狂的なファンも少なくありません。

このようにすでに軌道に乗っているPursomaが、今回私たちに仕事を依頼してきた理由は、新しいコレクションを展開するためでした。新コレクションの展開先は、ULTA（アルタ・ビューティー）という、全米に1000店舗以上を構える大手コスメ小売チェーン。ここでULTA限定ラインを展開する上で、新しいパッケージが必要とのことでした。

ところが話を伺ううちに、パッケージをデザインするためにはまずリブランディングが必要だということが明確になりました。なぜなら、Pursomaの既存顧客と、ULTAのオーディエンスに、あまりに大きな差があったからです。

Pursomaの主要商品であるバスソルトの価格帯は、$14〜$36。1ドル110円とすれば、1540円〜3960円です。1回使い切りであることを考えると、当然ながら顧客は富裕層が中心で、商品を取り扱っているスパやブティックの多くは都市部に集中しています。対してULTAは、高級ブランドからマスマーケットをターゲットとした商品まで幅広く扱っているというのが強みではありますが、都市部よりも地方に店舗が多いことからも想像がつく通り、価格帯は総じて低めに設定されており、マス層が顧客の中心となっています。またその点が、競合であり世界的な規模と知名度では上回るSephora（セフォラ）との最も重要な差別化ポイントでもあります。そして実際に、限定コレクションは既存コレクションの品質は維持しつつも販売価格は下げたいという、ULTA側からの要望がありました。

　そこでまずは、Pursomaの既存ブランドについて学んで理解をし、新コレクションにとっての競合と市場をリサーチした上で、このプロジェクトの状況分析をしました。そしてこの状況分析をすることで、プロジェクトの明確なゴールが見えました。

　私たちが考えたゴールは次の3つです。

1. 商品の透明性と、自然の力で心と体を活性化させることの重要性をハイライトした美しいパッケージをつくり上げること。また、その重要性に気づいていない、または気付きはじめているULTAの顧客の心に響かせること。

2. 現代社会でウェルビーイングな状態でいるために必要な習慣の1つとして、Pursomaの存在があるという認識を持ってもらうこと。

3. Pursomaの既存コレクションから、新コレクション発表への流れをスムースにし、既存顧客を困惑させないようにすること。

　Pursomaにはすでに強いメッセージがあり、社会問題にも取り組んでいたので、ブランド DNAのプロセスは非常にスムースに進みました。彼女たちの思いを汲み取り、まとめ上げながら、新しいターゲット・オーディエンスに焦点を合わせていきました。ブランド DNAがしっかりしていればしているほど、それを体現するビジュアル・アイデンティティも無理のない自然な流れで進めることができます。

　ビジュアルを作成する上で難しかったことといえば、Pursomaにとっては低価格ラインではあるもの、ULTAの顧客にとってはなおも高級価格帯。その２つの違う視点両方にとって適切なビジュアルをつくること

でした。「透明性」も踏まえた透明感のある柔らかいイラストや、文字要素を必要最低限まで削ることで増やしたネガティブスペース、控えめな高級感を出すメタリック印刷などを使って、その課題を解決しました（本書8ページ参照）。

　また、ロゴは予算上変えられないとのことでしたが、既存ロゴのほんの一部が、洗練されたPursomaの雰囲気を壊していたので、その部分のみ変更することを提案。変更点そのものは小さい部分だったので、既存商品のパッケージを変更する必要は避けられ、既存顧客が新しいロゴを見ても違和感のない程度に抑えつつも、第一印象を変えることができたのではないでしょうか。

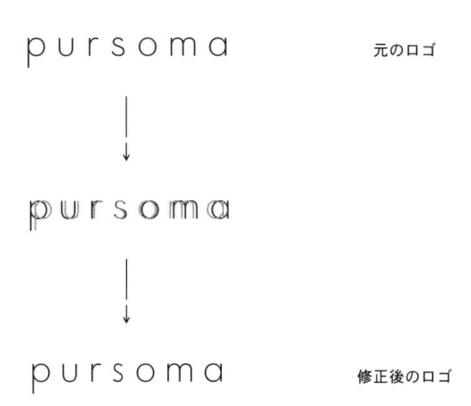

pursoma　　元のロゴ

pursoma

pursoma　　修正後のロゴ

PursomaのULTAラインは2019年5月頃にローンチされる予定です。

Webサイト：pursomalife.com

海外進出のためのプロジェクト：EDOBIO

　EDOBIOはバイオテクノロジーを駆使した日本の自然派スキンケア・ブランド。この企業は前身がIT関連だったということもあり、非常にユニークな視点をもっています。「世のなかに役立つ新たなものを生み出していきたい」という企業ビジョンのもと、美容から介護まで社会に役立つ様々な製品開発を、ITとバイオテクノロジーを駆使しスピード感をもち柔軟に、次々と実現していました。

　主力製品は無香料、合成界面活性剤不使用のナチュラル石鹸で、独自のバイオテクノロジー技術で開発した日本の自然由来の新しい乳酸菌を使用しています。もともとこの石鹸は、別名称で国内市場向けに販売されていましたが、海外市場進出にあたりリブランディングを行うことになりました。経済産業省 BrandLand：JAPAN のプロジェクトの一環として、海外の美容業界に精通したイタリアのプロデューサーがプロジェクトマネージャーとして参加、ブランディング担当として私たちHI (NY)に依頼がきました。

　開始時の課題として、以下のことがありました。

● ブランド名が覚えにくい

● 意味がわかりにくい

● 消費者がブランド名から商品の強みを読み取れない

● 海外の消費者が理解できる名称が必要

● 消費者がVIから商品の強みを読み取れない

● ブランドDNAに一貫性がない

● 具体的なターゲット国の設定

● ターゲット層の設定

● 海外ターゲットを理解したグローバルブランドの構築

● パッケージを含むコラテラル全般のビジュアルの改善

　また、前ブランドの際のアイコンであった浮世絵を使いたい、という
クライアントからの要望を満たす必要がありました。新ブランドの最終
的なターゲットは、ヨーロッパや北米都市部などの美容やファッション
などトレンドに敏感でサステイナブルな（環境を破壊せずに維持・継続
できる）ライフスタイルを好む中間層ユニセックスに設定しました。前
ブランドの在庫を売り切りたいので、段階的ターゲットとしてアジアの
英語圏で化粧品ビジネスの中核となる香港・シンガポール・マレーシア
を中心に市場開拓を進めることになりました。

　米ぬか洗顔など、日本の自然由来の原料を使ったシンプルな美容習慣
や、バイオテクノロジーの技術である農作物の「品種改良」、醤油・味噌・
酒などの「発酵」といった技術は江戸時代からはじまっていました。そ
ういったブランドの機能的属性と、ターゲット・オーディエンスの嗜好、
企業ビジョンを踏まえた感情的属性をもとに、ブランドのコアバリュー
を以下のように設定しました。

「独自のバイオテクノロジー」

「自然由来の有効成分を使ったスキンケア」

「日本発のブランド」

「原点回帰：Back to Basics / 江戸時代の美容法の進化系」

「ソーシャルなビジョンを持った企業によるブランド」

　名称は、複数国の商標を取らなくてはいけないので独自性の強いもの、英語圏の人々が発音しやすく覚えやすいもの、洗練されたターゲット・オーディエンスに響く名称であること、ブランド価値を明確に伝えられるものであるべきだと考え、ブランドを表すキーワードである「バイオテクノロジー（BIOTECHNOLOGY）」「江戸（EDO）」から「EDOBIO（エドビオ）」というブランド名称に決定しました。

　定めたブランド・プロポジションは以下の通り。

EDO BEAUTY RITUAL FROM ADVANCED JAPANESE BIOTECHNOLOGY
Return to a simple beauty ritual, powered by biotechnology, to rejuvenate and enrich your skin.

（「世の中に役立つ新たなものを生み出していきたい」というソーシャルなビジョンを持つ企業による、江戸時代から親しまれてきた日本古来の植物を用いた美容法を、最新のバイオテクノロジーで進化させた日本発のスキンケアブランド。）

　次のステップとなるビジュアル・アイデンティティは、ブランドDNAを体現するのはもちろんのこと、現在世界の美容市場ではメイド・イン・ジャパンがトレンドとなっているため、日本らしさを感じさせ、かつ感度の高いターゲットが好むような洗練されたビジュアルを構築することに。「ジャパニーズ・ミニマル」をビジュアルコンセプトに構築を進めました。ロゴは、クラシックさとモダンさを織り交ぜたような雰囲気で、内側にカーブをつけることで有機的なやわらかさと、凛として洗練されている、いつまでも古くならないようなものを表現しました。

グラフィック・エレメントは、日本（江戸）を表現した「浮世絵」と「日の丸」を表現し、よくあるような写実的な浮世絵や日の丸のグラフィックではなく、浮世絵はアイコンとしてモダンに抽象的に表現し、日の丸は丸型のダイカットなどとしてさりげなく使用することにしました。

EDOBIO

このブランドの最初の商品である石鹸は美白効果が高いので、日本市場で販売するときは「美白効果」を強く押しだしていました。しかし、「美白効果」がセールスポイントとして発揮されるのはアジアの一部だけ。最終的なターゲットはアジアではなかったので、美白効果はあまり押し出さない戦略にし、商品（石鹸）が肌に与える喜びを感覚的に伝えることに重点を置きました。

　これより、ブランド・コラテラルのパッケージデザインは、白を基調に余白を多く取り清潔感をだし、この石鹸からつくられる豊かな泡とサテンのような柔らかい肌を表現した、しっとりしたテクスチャーの紙

に、丸型ダイカットをほどこし、日本とナチュラルな雰囲気を伝えるために桐箱や升を使用。ロゴや浮世絵を箔押しにして、エレガントな高級感をだしました（本書9ページ参照）。

　ローンチ前でしたが、この新しいブランドは2018年11月にアジア最大の美容の展示会であるコスモプロフ Asia に出展。アジア企業を主に50社以上から引き合いがありました。前ブランド商品からの移行もあり、全てのコラテラルのリブランディングが完了するまでにはもう少し時間がかかりそうですが、グローバルブランドとしての大きな一歩を踏み出しました。

持続可能なブランディング：hinoki LAB

　hinoki LAB（ひのきラボ）は、ひのき製品を展開する日本のブランド。クライアントは、ひのきを使った様々な商品を開発、製造販売を行なっている岡山拠点のBMDという会社です。BMDは、30年以上もひのきの研究を続け、これまでたくさんの素晴らしいひのき商品を開発してきました。「森を守ろう」という思いからはじまったというその活動は、間伐材のみを使用、そしてひのき本来が持つ自然の力に着眼し、森にも人にも優しいプロダクトをつくり続けています。

　何十もの商品が多くのファンに愛されるなか、今回私たちにご依頼いただくことになったのは、そのなかでも選りすぐった商品を、海外も視野に入れてワンランク上の新ブランドとして展開することになったからでした。このリブランディングでの課題は、商品数が多く体系が入り乱れていること、商品開発の都度パッケージをつくっていたためにビジュアルに一貫性がないこと、商品の良さが表現されていないため価格とビ

ジュアルにギャップがあること、新ブランドでは既存のマーケットとは異なる市場開拓を目指すことでした。

　ブランディングを進める上で、まず私たちはBMDブランドの整理からはじめました。前述の通りBMDには何十から何百もの商品があり、そのなかにはサブブランドもたくさんあったため、全体を把握しながら、それらサブブランドと商品をできるだけ細かくオーガナイズしました。

　それらをブランド・アーキテクチャ、つまり相関図のようなチャートに落とし込むことで、全体像が見え、同時に問題点と課題がはっきりしました。そしてそれを元に、ブランドのゴールを定め、以下のブランド・プロポジション、つまりブランドの核となる部分を提案し、それに沿って実際のビジュアルを進めました。

ひのきの研究から広がった
心と体と自然にやさしいライフスタイル
HINOKI LAB（ヒノキラボ）

　そして完成したのが次ページのロゴです。

　シンプルなフォントをベースにした繊細さと力強さを併せ持ったタイプセットのロゴに、ひのきの葉をモチーフとしたアイコンを作成しました。ひのきの葉のアイコンは、BMDが大切にする「人と自然の循環」を表現しています。

hinoki LAB

　カラーパレットには、ひのきの森をイメージさせる鮮やかで落ち着きのあるグリーンをメインカラーに選びました。

　今回 hinoki LABのメインの商品として進めたのが、ひのきのエッセンシャルオイル。パッケージは、バスルームなどに置くことを考慮し、スタイリッシュなインテリアにも溶け込むよう、シンプルで飽きのこないデザインに仕上げました。

　ブランドのムードイメージは、通常はプロフェッショナルのフォトグラファーとプロップ・スタイリスト（物品や小道具専門のスタイリスト）にアートディレクションをして撮影するのですが、今回はクライアントが私たちのインスタグラムの画像を気に入ってくださり、リクエストをいただいたため、特別にプロップ・スタイリングも撮影もHI（NY）で行いました。素人ながら、このブランドの世界観は表現できたのではないかと自負しております（本書10ページ参照）。

　ブランディングのプロセスで、ロゴの使用方法を細かく記載したブラ

ンド・ガイドをお渡しし、写真でお見せしたバスソルトはそのガイドを元につくられました。しっかりとガイドラインを構築してあるので、私たち以外のデザイナーがデザインする場合でも、一貫したビジュアルを保つことができます。ブランディングは長期戦。ブランド構築後もぶれてしまわないようにコンサルティングをしていきますが、最終的にはアートディレクターがたまにチェックをしつつも、クライアントがひとり立ちできるようになることがゴールです。

　現在、三越伊勢丹のプライベートブランドBPQCや恵比寿三越にて取り扱われており、これからアメリカでも販売が決定しています。今後の展開が非常に楽しみです。

　Webサイト：hinokilab.co.jp

2

新ブランドの立ち上げ

口コミから広まったアクティブ・ウェア：NOA NYC

　NOA NYCは、ニューヨーク在住の日本人女性が立ち上げたアクティブ・ウェアのブランド。人生の岐路に立ち精神的にとても辛い時期を過ごしていた彼女でしたが、ワークアウトをはじめたことで心がだんだん軽くなり、はまっていったと言います。そのうちワークアウト中にもお

しゃれをしたい！と思うまでになったのですが、「レギンスは単色で暗い色のものがほとんどで、楽しいプリントのレギンスがなかなか見つからない」と思ったこと、彼女自身がテキスタイルデザイナーだったこともあり、自分でオリジナルプリントのレギンスをつくっては実際に着用してワークアウトをするようになりました。するととても気分が上がり、どんどんポジティブな気持ちになっていく自分に気づいたそうです。それを見たワークアウト仲間が彼女のレギンスを気に入り、彼女たちにもつくってあげていると、さらにそれを見た別の人からも注文が入り……という具合でその人気が広まり、また、彼女の「レギンスを通して、もっとたくさんの人にポジティブな気持ちになってほしい！」という強い思いと相まって、ブランドとして立ち上げることになったのです。そこで私たちHI（NY）が、ブランド立ち上げのお手伝いとブランディングをさせていただきました。

　お話を伺った際、彼女のとてもパワフルでポジティブな雰囲気が印象的で、それが実際に彼女のデザインに表れていました。体のラインがはっきりと出るレギンス。だからこそ、黒で隠すのではなく自信を持って、洋服を選ぶように自分の好きなプリントや色で選んで、その分ワークアウトももっと楽しんで欲しい。そんな思いが込められていました。

　確かに彼女のレギンスはとてもカラフルでユニークでしたが、世の中にはレギンスブランドが山のようにあり、もちろん柄のレギンスも全くないわけではありません。そこで、もう一段階深い、女性のエモーショナルな部分に繋がるコンセプトも必要だと感じました。そこで、彼女の思いからも受けた、「女性がもつ自信」や「女性の強さ」を感情的なコンセプトにすることを提案し、迷いなく賛同してくださいました。

　ブランドの立ち上げから携わるプロジェクトでは、ネーミングそのものから私たちが提案する案件が多く、コンセプトを土台にロゴとしてのビジュアルも踏まえつつ、いくつか提案させていただくのですが、今回に関してはすでにブランド名は決まっていました。NOAというのは彼女の猫の名前で、それを使いたいということでした。

　また、ニューヨークというエネルギッシュな場所から発信されたブランドであるということも明確に打ち出したかったこと、NOAとの文字のバランスも良いということで NYC という文字を加えることを提案し、NOA NYCという名称で進めることにしました。しかし、やはり猫の名前からつけたブランド名はコンセプト的に弱く、ブランド全体として見たときにメッセージ性が欠けてしまいます。そこで、NOAという名前にブランドコンセプトに基づいた意味合いを考えようということになりました。もちろん順番としては逆ですが、クライアントの意向に沿ってフレキシブルに対応するのも当然のプロセスです。

　このプロジェクト進めるに当たって編成したチームとブランドコンセプトを共有し、コピーライターと話し合いを重ねながら最終的に選んだのが「NOA = New Original Activewear」です。レギンスそのものがオリジナリティ溢れる新しいタイプのレギンスであるのと同時に、女性自身が唯一無二（オリジナル）の独立した存在であるという気持ちを込めて選びました。同時に提案したタグライン「Wear Your Motivation（モチベーションを着よう）」も合わせて、非常に気に入ってくださいました。

　コンセプトとブランドストーリーという軸がはっきりと決まったので、後に続くビジュアル・アイデンティティの作成はとてもスムースに進みました。まずはロゴを中心とするブランド・システム、つまり色や

書体、ロゴマークや写真のムードなどを作成。続いて名刺などのステーショナリーやタグ、パッケージなどの印刷物、同時に写真撮影とオンラインショップを含むウェブサイトを製作しました（本書11ページ参照）。

　また今回の立ち上げに際して、メインのレギンス・コレクション以外に2つのコレクションも提案しました。受注生産というシステムを利用して、お客さんが自分の好みにカスタマイズできるようにしたカスタム・コレクションでは、柄と色を選ぶことができ、スタイルによってはウェストバンドにメッセージを足すことができます。そしてもう1つは、女性のエンパワーメントのメッセージを込めた、リミテッド・エディション・コレクション。女性の発言力を表したデザインや、#metooタグを使ったデザインなどが印象的です。

Webサイト：noanyc.com

中東のエッセンスをミックスした家具ブランド：Rawan Isaac

　Rawan Isaacは、サウジアラビア出身の女性インテリアデザイナーRawan Alsahsahが、アメリカを拠点に立ち上げた家具ブランド。彼女はサウジアラビアでホテルや商業施設の内装を手がける他に、最近では建築デザインも行うなど華々しく活動しています。彼女自身もVogue誌で特集を組まれるほどで、カリスマ的な存在感を確立しています。

　彼女の自宅用につくりはじめたオリジナル家具をきっかけとし、元々デザイン会社を経営していたアメリカで再びスタートすることを決断されました。そしてその新ブランド立ち上げのお手伝いをご依頼いただきました。

　プロジェクト開始前に初めてRawanにお会いした際、とてもチャーミングで洗練された雰囲気が印象的で、人気デザイナーとして注目されているのも納得の、芯の強さが伺えました。サウジアラビアといえば、昨年2018年まで女性には車の運転が認められていなかった国。そしてこの最初のミーティングがあったのが、ちょうどカショギ記者の殺害事件で国際的問題として発展しはじめたときで、サウジアラビアの絶対君主制という国家の闇が浮き彫りになった頃でした。そんな国で、女性が会社を経営して成功させるのは、並大抵のことではありません。私たちには考えることができないような苦労があるのだろうと想像がつきました。

　そんなパワフルな女性と一緒に仕事させていただくのはとても光栄で楽しみだったのですが、話を伺うなかで 1つどうしても気になる点が出てきました。それはアメリカでビジネスをする上で、彼女がサウジアラビア人であることを隠したがっているという点でした。さらには、彼女がサウジでクリエイトしているデザインは「フレンチ・スタイル」であり、アメリカでもそのテイストで売り出したいというのです。これには、私たちチーム全員意見一致で賛成することはできませんでした。

　私たち自身も、日本人としてアメリカでビジネスをする上で、全く同じ思いをしたことがあるので彼女の気持ちは理解できました。言葉のハンデも含め、日本人であることが不利であると思い込み、アメリカ人のように振舞ったり欧米らしいデザインをしようと模索したりした時期がありました。完全なアイデンティティ・クライシスです。日本人であることが不利どころか、アドバンテージであるということに気づくまでそれほど時間はかかりませんでしたが、アメリカで暮らす外国人の多くが

一度は通る道なのではないでしょうか。

　ただ、中東という場所柄もあってセンシティブなトピックであったこと、そして彼女の意志が強かったこともあり、一旦は彼女の希望する方向でブランディングをはじめていきました。しかし、そんな見せかけの内容で、ブランディングが成り立つはずがありません。進めれば進めるほどグラグラしてきて、どうにもならなくなってしまったのです。

　そこで、私たちは彼女に正直な思いをぶつけました。まず、彼女が呼んでいる「フレンチ・テイスト」は、実際にヨーロッパの雰囲気は漂っているものの、彼女自身はおそらく気づいていない「中東のエッセンス」がミックスされており、それが彼女のテイストを他とは違う特別なものにしているということ。そしてそれが、アメリカ人の目にはエキゾチックで魅力的なものとして映るということ。さらには、Rawan自身がサウジアラビアという国で女性として成功していることが、世界の多くの女性に夢と希望を与えロールモデルになり得るということ。そう言ったことを伝えました。

　最初は戸惑って、拒絶さえしたかのような彼女でしたが、時間をかけて話をするうちに少しずつ納得してもらうことができました。それでもサウジアラビアや中東を全面的に押し出すのは避けたいということで、まさしく「中東のエッセンス」を足すということで了承していただき、最終的にはそれがより高いモチベーションに繋がったとも仰ってくださいました。そこからは、胸のつかえが取れたような感覚で進めることができ、チーム一同、納得の出来に仕上げることができました（本書12ページ参照）。

　このブランドは2019年4月中旬に行われるトレードショーでローンチ

ACT 04

される予定です。

限られた予算のなかで中期ゴール達成を目指す：dwell

スリランカ、コロンボに位置する期間限定のブティック・ホテルブランド。

最終ゴールがあるなかの段階的ゴールいうこともあり、なるべく予算を抑える方向ですすめること、すでに前オーナーがホテル開業に向けて進めてきていた内装をできるだけ利用すること、早く開業すること、が課題としてあがりました。

問題解決しなくてはいけなかったのは、すでにあった内装のスタイル。ベッドや家具、備品なども全室分入っていましたが、お世辞にもセンスが良いと言えるものではなく、ホテルというよりは病院に近いものでした。しかし基礎となる空間はとても気持ちよく、大きな窓から優しい日差しが入り込んだ明るい場所で、ここでゆったりと過ごすゲストが想像できるポテンシャルを感じさせるものでした。クライアントとの話し合いの結果、ベッドなどの大きいものを残しつつ、壁紙をインパクトのあるものにすることで部屋の印象をコントロールしていくことにしました。

この全体の空気感から、ホテルのブランドコンセプトを、"Arts and Creature Comforts" に設定。クリーチャー・コンフォーツとは衣食住など快適な生活のこと。アーティストによる壁紙から「アート」と「快適で、居心地良く、リラックスできる家のような場所」という軸で進めていくことにしました。ホテル名称はブランドの世界観を分かりやすく表現した「住む、暮らす」という意味の英語 "dwell" に決定。このホテルは手頃

184

な価格帯になるため、ターゲット・オーディエンスは、ヨーロピアンや
オーストラリア、北米都市部の20代－30代、デザインやライフスタイ
ルにこだわりがあり、経済的にも賢く旅慣れた層を狙いました。

　VIは、線画のアートワークを使い、洗練されているけれど親しみやす
くリラックスした雰囲気がでるようなものに設定。カラーパレットも
グレーを基調にフェミニンなスモーキーピンクをアクセントとして加え
やわらかい雰囲気にしました。ホテルの顔となるエントランスとレセプ
ションにはグローバルに活躍するロシアのアーティストをアサインし、
スリランカの動物や自然を描いたタイルを作成。ゲストルームの壁紙は
HI（NY）でゆったりとした印象のものをデザインしました（本書13ペー
ジ参照）。

　リラックスした空間づくりが鍵となるので、欧米のホテルでトレンド
になっているアロマ・ブランディングを取り入れ、ホテルに足を踏み入
れるとリラックスした香りに包まれるようにしました。現地のスタッフ
が主に着用するようになるユニフォームは、年代に関わらず誰が着用し
てもスタイリッシュに見えるよう、バハマハット、白紺ボーダーシャ
ツ、ジーンズに白いスニーカーというカジュアルでフレンドリーな印象
を与えるものを選びました。

　結果、フレンドリーで心のこもった丁寧なホスピタリティを含むこの
ブランドの世界観が話題を呼び、狙い通りのターゲット層の集客を実
現。お客様からたくさんの高評価をいただき、オーストラリアの新聞で
取り挙げられるなど、この段階ゴールを達成することができました。

　Webサイト：dwell-hotel.com

「ひと」と「企業」の未来を体現する：haishop

　今年オープン予定のおみやげショップのブランドです。いままさにブランディングをしているところなのですが、いままで説明してきたブランドづくりをする上で押さえておきたいポイントを包含しているので、紹介させていただきます。

　クライアントは、ホスピタリティ・ビジネスで「ひと」と「企業」の未来を描くというビジョンをもった会社で、特に「ひと」を大切にしており、人として人とともに歩む、人間味溢れる会社を目指しています。こういった企業とともにつくり上げていくブランドなので、まず私たちが大切にしていきたいと考えたのは、「ひと」。そして「未来につながる」ことでした。また、パートナーとして携わるHI（NY）のコアコンピタンスである海外目線で選定・開発ができること、高いデザイン性を提供できることも、このブランドの強みとして考慮しました。インバウンドの割合が多くなると予想される手頃な価格の超大型ホテルの一階に位置すること、観光地として機能する可能性もあることから、ターゲット・オーディエンスは海外からの旅行客で、年齢やジェンダーに関係なく、国際感覚をもっており、アートやデザイン、日本の文化に興味の深い知識人を設定しました。彼らは自分のスタイルをもっており、ソーシャルなことへの関心が強く、ビジョンやCSR（ Corporate Social Responsibility= 企業の社会的責任 ）を果たしているブランドを選びます。コア・ターゲットはミレニアル世代。ですので、このブランドがいかに企業としての社会的責任を果たし、ただ商品を売るという以上の「目的」を提供できるか、ということが鍵となります。

　これらの要素とグローバルビジネスで求められるブランドの要素を

総合的に踏まえて、コアバリューをJapanese Souvenirs（日本のおみや
げ）、Good Design（デザイン性）、Storytelling（ストーリーを伝える）の
３つの柱とし、Socially Conscious: People + Environment（社会貢献の要
素を含んでいる 人 + 環境）でサポートすることにしました。そしてこ
のショップを「ストーリーを伝える日本製のおみやげショップ」に位置
付け、ブランド・プロポジションは、「海外目線で選定・開発された楽
しくスタイリッシュなデザインの日本のおみやげを世界の人々に向かっ
て発信する新しいギフトショップ。産業の縮小により販路が減少したた
めに、次世代の担い手がなく、存続の危機にある日本のクラフトや衰退
産業のサポートを目的とした商品開発も行ない、商品やつくる工程や歴
史、そのつくり手の思いやエピソードなどのバックストーリーを、商品
を通して、つくり手と買い手、日本と世界をつなぐブランド」と設定し
ました。

　ここで明確な差別化をしたかったことがあります。それは、「ストー
リーを伝える」ということは、よくある商品の歴史や説明をするといっ
た一方向のものではなく、伝えて、共感されて「つながる」という深い
ところまでを含むということ、ただのクールな日本の商品を扱うおみや
げブランドというのではなく、人間らしさを感じられるブランドである
こと、です。そこで、ブランド・パーソナリティとして設定したのが
"loving, humble, respectful, sympathetic, genuine, warm, friendly, caring,
global, witty, playful, happy"（人が好きで愛情深い、謙虚な姿勢、リス
ペクトがある、共感性が強い、ありのまま、あたたかい、親しみやすい、
思いやりがある、グローバル、ウィットに富んでる、遊び心がある、楽
しくハッピー！）です。

　名称は、日本語としてよく知られている言葉「はい！」、フレンドリーなあいさつ "hi!"、商品の高いデザイン性を表した "High" から "haishop"（ハイショップ）という名称にしました。商品構成は、①日本製でバックストーリーのある商品を選定、②日本モチーフを使ってデザインしたもの、③衰退産業をサポートする商品開発で、③の第一弾は、京友禅と縫製工場とのコラボレーションで従来の着物ではない新しい商品として開発を進めています。パッケージなどの包材は、環境負荷をなるべく少なくするものと方法にし、ストーリーは、ストラテジストの戦略のもと、文章と映像でSNSを通じて発信していきます。VIは、商品が主役になれるようなシンプルなものにし、日の丸からインスピレーションを受けた３つの赤丸や水玉をグラフィック・エレメントとして使用しています（本書14ページ参照）。

　これからのブランドなのでまだ結果は出ていませんが、粘り強くこの北極星に向かって、世界中のたくさんの人々がファンになってくれるような日本ブランドを構築していきたいです。

いままでで一番大変だったプロジェクト

　これまでで一番大変だったプロジェクトは何ですか？　と聞かれたときにお話ししているプロジェクトです。

　それは、ブランディング会社につとめていたときに携わった、某不動産王のドバイのホテルプロジェクト。いままでの彼のプロジェクトのなかでも旗艦ホテルになるという非常に大きな規模のプロジェクトを任され、ブランディングを進めていました。クールなプラチナ・シルバーに輝く外観が特徴である美しくそびえ立つホテルタワー。このクールなイメージに合わせて全てのカラーパレットやアイデンティティを構築していきました。

　そしていよいよ、ビジュアル要素の要となるスティルとムービーの撮影。撮影はアートディレクターによって指揮されるのですが、ブランドを左右するとても重要な仕事。失敗するわけにはいきません。プラチナ・シルバーのイメージにあったクールビューティーなメインモデルをアサインし、洗練された世界観を撮影でつくりあげていくことに。

　まだ建築されていない建築物のビジュアル要素をつくるときに大切になってくるのが、3Dレンダリング。ドバイでの撮影は規制が多いため、撮影はマイアミで行われ、現地のイメージが必要な部分は3Dレンダリングで差し替える方針に決定しました。映画の撮影さながらの大掛かりな撮影で、プロップも自家用ジェット機や超高級クルーザーなどを使用。撮影も地上だけではなく空中からも行われました。

　何日にもわたるこの大規模な撮影を終え、ニューヨークに戻るといよいよコラテラル制作です。ウェブ、コマーシャル、ショートムービー、ブロシュア、ビルボード、世界中のあらゆる媒体にのせる広告キャンペーンなど、これまでにない規模のコラテラルがこの撮影素材を使って構築されました。ヒーローショット（ブランドのメインとなるビジュアル要素）には3Dレンダリングではめ込まれた美しいプラチナ・シルバーのホテルタワーが全てのビジュアルイメージの中心になるように配置されています。

　制作も終了しクライアントの承認も終わり、世界中の新聞や雑誌への広告の入稿も終わり、キャンペーンの実施やローンチも目前のある朝。出勤するとデスクには真っ青な顔をした社長とプロジェクトディレクターが。「どうしたの？」と聞くと、「クライアントから連絡がきて、某国の王様がホテルタワーの色をゴールドに変えたいって……」「！！！」まさにSpeechless、言葉がでません。それでもクライアントのリクエストは絶対。もちろん真っ青な3Dレンダリングのチームに急いで指示を出し、チーム総出で全てのコラテラルに変更をかけました。修正にともなう追加料金は惜しまないクライアントでしたが、締切に変更はありません。

　期日直前のプレッシャーのなか、全てのコラテラルをゴールド仕様に変更する作業がなんとか無事終わり、一息ついている頃。またもや青い顔の社長とプロジェクトディレクター。ゴールドカラーのビルは、太陽があたると眩しすぎて危険らしく、航空法でNGがでたようで、結局、プラチナ・シルバーに戻すことに。そのときのアドレナリン・ドライブは想像に難くないと思います。いままでのアートディレクター人生、一番スケールが大きく、寿命の縮まる思いのプロジェクトでした。

05

HOW TO WIN IN
THE GLOBAL MARKET

グローバル・マーケットで成功するために

　残念ながら、グローバル・マーケットで通用する日本のブランドは一握り。

　その理由は、グローバル・マインドセット(国際感覚)が足りないことが大きな要因の1つです。ここでは、日本のビジネスリーダーのみなさんがグローバル・マインドセットをもち、グローバル・マーケットで成功するために頭に入れておくべき事柄を挙げます。

1

自分の感覚を疑う

　ブランディングを成功させるために、ターゲット・オーディエンスを理解することがいかに大切かをお話ししてきました。海外のマーケットでビジネスをするとき、日本人にとってまさにここが大きな課題だと言えます。

　自分自身が、構築しているブランドのターゲット・オーディエンスで

ある場合は、自分の感覚が指針となるので比較的簡単です。しかしそういうケースばかりではありません。その層について、マーケット調査などで一般的な動向を理解するのも必要ですが、それだけを基につくられたブランドはやはり実感のないものになってしまいがちです。ブランドは生き物です。有効なのは、そのターゲット・オーディエンスに属する人が戦略チームにいること。それが難しければ、個人的にその人と人間関係を築いて理解することです。

ブランディングは人の感覚的な部分に訴える経営戦略です。実際に相手と接し、そのときの自分の感覚で戦略を立てることで、初めて生き生きとしたブランディングが出来上がります。自分がターゲット・オーディエンスではない場合、自分の軸をもちつつ**自分が「違う」ことを認識し、自分の感覚を疑うことが大切**です。

海外マーケットやインバウンドを狙ったブランディングをするときに、日本企業がよく陥る失敗は「外国人」という層で全てをひとまとめにしてしまっていること。日本のように圧倒的に中間層が多く、共通認識を「国」単位で共有していて、感覚や価値観の振れ幅が少ない国は、実は珍しいのです。

同じアメリカのニューヨークに住む18歳の女の子でも、マンハッタンに住む富裕層のユダヤ人を両親に持つNYU（ニューヨーク大学）に通う女の子と、クイーンズのジャマイカ地区に住みドミニカ共和国にいる家族のために働きながら仕送りしている女の子とでは、趣味も嗜好も大きく違う可能性があります。

ニューヨークは人種のるつぼ。しかも個性の強いパワフルな人がたくさんいる街。ここで長年ビジネスをするなかで、様々な価値観に触れて

きました。日本にいるときは感じたことがありませんでしたが、「自分」ということに関しても、日本人としての自分、アジア人としての自分、黄色人種である自分、女性である自分、そういった様々なセグメントとしての自分を、ときには辛い思いもしながら常に意識して過ごしてきました。いまでは「日本人」「アジア人」「黄色人種」「女性」といった集合体ではなく「私」というひとりの人間であるという感覚が強くなり、他の人に対しても「その人」という人間としての個人で見るようになってきました。

そして、プライベートでも仕事をしていく上でも、相手に対して違和感を抱いたときにまず考えるのが「この人を理解するのが難しいのは、Cultural（文化的な）違いなのか、Personal（個人的な）違いなのか」ということです。

文化的な価値観の違いが問題ならばそれはそのフィルターを理解すればいいし、個人的な違いなら人として自分の価値観と擦り合わせ、理解できそうなら理解すればいい。日本人の感覚で考えると不愉快なことでも、意外に文化的なギャップが原因で本人はいたって気持ちの良い人であったりすることも多々あります。ですから、文化的な違いがあるという可能性を頭に入れて、否定する前にポジティブな気持ちで相手を知ろうとすることが大切なのだと学びました。

もちろん、個人的なギャップの場合は相性が合わないということですが、まずは素直で謙虚な気持ちで心を開き、自分の価値観にとらわれることなく、相手の立場や異なる視点を受け入れてみると見える世界も広がってくるのではないでしょうか。自分の属する社会では良しとされることが、他の文化を持つ人には受け入れられなかったりする。自分の「あ

たりまえ」を疑うことで、もっとたくさんの人々を理解できるようにな

るのです。

教習車の新しい活用法？

　大学時代、ニューヨークで運転免許を取ろうと教習所に通っていたときのことです。

　路上練習がはじまり、教官が助手席に乗り、私が運転練習をすることになりました。練習場所はギリシャ人移民の多いクイーンズのアストリア地区のはずれで、あまり人通りのない場所。車は教習所の車で、タクシーのように車の上に教習所の名前の入った看板のようなものが付いています。

　ある日、路上練習中に路肩に車を停めて教官の指導を受けていたときのことです。そこにギリシャ人のおばあさんが寄ってきました。「駅まで乗せていって」とおばあさん。タクシーと勘違いしているのかと思い、これは運転免許をとるために路上練習をしている教習車で、タクシーではないことを告げると、「知ってる知ってる。私は気にしないわよ」とのこと。驚いて教官の顔をみると「オッケー、オッケー」と意に介さない様子。

　結局、私は拙い運転でおばあさんを駅まで送り届けることになったのです。降りる際に「運転試験合格よ！」とおばあさんは言い残していったのでした。いまでしたらそれほど驚きませんが、そのころは世界には色々な人がいるなあと、ギリシャのおばあさんと教官の愛すべきその適当さに驚かされ、楽しい気持ちになったものでした。

2

日本と世界のズレを認識する

　日本は非常にクリエイティブな国です。日本には、斬新な発想のものがたくさん溢れていて、日本に来るたびにいつもわくわくします。

　このことは、実際にデータにも表れています。2016年、クリエイティビティに関する意識調査「State of Create:2016」が Adobe Systems によって行われました。アメリカ、イギリス、ドイツ、フランス、日本の

18歳以上の5026人が、「世界で最もクリエイティブだと思う国、都市は
どこですか？」という問いに答え、見事1位に輝いたのが、そう、日本と
東京でした。

　ここで興味深いのが、「自分がクリエイティブだと思いますか？」と
いう質問に対して、自分がクリエイティブだと思っている割合は、独
57%、米55%、英41%、仏40%、日13%と、日本人が最も低くなってい
ること。世界がみる日本と、自己評価に非常に大きなギャップがあるの
です。そして全体的に、日本人は日本のクリエイティビティに対する価
値を低く評価しています。

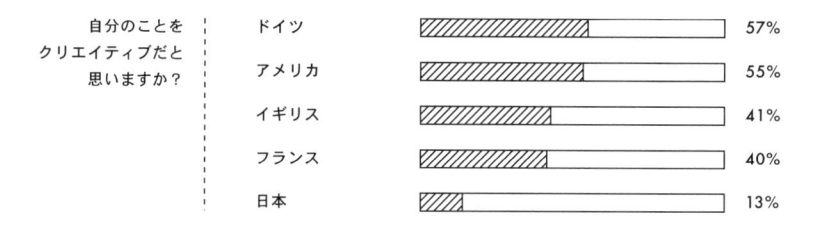

このギャップがなぜ起こるかというと、**日本人が日本のここがクリエ
イティブだ、と思っているところ**と、**世界の人々が評価している日本の
クリエイティビティにズレがある**からです。通常、日本人がクリエイ
ティブだ、かっこいい！と感じるものは、ニューヨークやパリにはある
けれど、日本にはあまりないと思っているものです。

　実際そのポイントに関してはそうかもしれません。でも実は、世界が
評価するポイントは全く違っており、魅力的なものが日本にはたくさん
あります。海外の人の方が日本文化について関心があり、日本に詳しい

人がとても多い。日本人のほうがあまり日本について知らないのではないかとすら思うほどです。

　このように、世界から非常に高い関心を持たれているのに、そのポイントがズレているせいで、世界が求めている切り口で「日本」を発信できていないのは非常にもったいないことです。**日本のマーケットとグローバル・マーケットは、全く違うものだと認識する。**そして、日本らしさを保ちつつ、世界の消費者の求める切り口で「日本」を提供できれば、日本のビジネスはもっとグローバルに輝けるはずです。

備長炭は何の木？

先日、パリの有名フレンチレストランのフランス人シェフふたりと話をしていたときのことです。

ひとりのシェフに「日本の備長炭って何の木からできているんだっけ？」と聞かれました。

え！ 知らないし（お恥ずかしい話ですが）考えたこともない！ と焦りながらもじもじしていると、もうひとりのシェフが「Ubame Oak（ウバメ樫）だよ！ 和歌山県だっけ？」と即答。あまりの恥ずかしさに、内心びっくりしたのを隠して、私は「そうそう……」と知っているフリを決め込みましたが、日本人として非常に情けなくいたたまれない気持ちになりました。

海外にいると、私が日本人ということで日本について話したがる人はとても多いです。トピックも「天皇制についてどう思う？」とか「神道と仏教の違いってどういうことなの？」「いまの日本の政治、どう考える？」「日本の男尊女卑についてどう思う？」など、一般的だけれどなかなか厄介なものが多く、会話の節々から日本に対する関心や興味、そして基礎知識の深さが伺えます。日本人が思っている、外国人の日本の知識は「スシ、ゲイシャ、ニンジャ」だけではありません。恐ろしくシャープでディープなトピックを投げられて、逃げ出したいと思ったことは一度や二度ではありません。

日本人として、日本についてもっと知識を増やし、自分軸で考え、自分の意見をきちんと伝えられるようにしなくてはいけないな、と気を引き締めさせられる瞬間です。また同時に、相手がどの国のひとでも、その国に関する興味深い質問ができるよう、常日頃からアンテナを磨いていきたいと思います。

3

誤解を招かないコミュニケーション

英語でのコミュニケーション

　海外でビジネスをするときに共通言語として使用するのは、一般的には英語です。アメリカ人やイギリス人をはじめとする英語がネイティブの人々とのコミュニケーションはまだしも、英語が第一言語ではない相手とのコミュニケーションは、誤解が生じやすいので細心の注意が必要

です。日本人は英語が話せない人が多いため、英語のネイティブとノン・ネイティブの差がつかず、外国の人はみんな英語が話せる、もしくは英語が話せる外国人は英語が流暢、と勘違いしている人が多いようです。ビジネスでもこういった誤解が多く見られ、意思の疎通が困難になる原因にもなっています。

　お互いが自分の母国語ではない言語で話すので、両者とも自分なりのニュアンスで言葉を理解していたりしていることが多く、思い込みも多くなるのでミスコミュニケーションが起こりやすいのです。特に、**英語の理解責任は発信する側にある**ということを思い出し、相手が勘違いする可能性を意識して、できるだけシンプルで明確なコミュニケーションを心がけましょう。

メール

　英語でのビジネスメールについても同様で、簡潔に要点だけを押さえた短いものが良いでしょう。

　英語の文章は日本語のものとは違い、結論を一番先に書きます。質問に対しては、YESかNOかを最初に明確に示す必要があります。英文メールに慣れていない日本の人のメールは長いものが多く、表現が曖昧なので伝わっていないケースが多いです。結論も最後に書かれているので、スルーされてしまいます。

　他にも、これが厄介なのですが、海外で仕事をしていると最後までメールをきちんと読んでいない人によく出会います。ちゃんと読んでください！と思うのですが、これがなかなか変わらないのでこちらが対応するしかありません。しかも、あちらが見落としていてもこちらの責任

にされそうになることもしばしば。

　ビジネスを円滑にすすめ、誤解や失敗をなくす方法として、結論をはじめに書き、理由はそのあとに説明する。要点はできるだけわかりやすく改行しながら短く書くと良いと思います。長い文章になるとすぐに読まなくなってしまうので、相手のメールの質問の部分部分をインラインにして、一目で回答が混乱なく理解できるように工夫してみるとミスコミュニケーションが格段に減ります。言い回しもなるべくシンプルに、思い込みが起きないよう明確に書くよう心がけてみてください。海外では急ぎでない限り、メールが中心です。効率的であることが一番の理由ですが、メールであれば記録として残るので、万が一訴訟に発展した場合に、証拠としても使えます。

発言

　これは日本人にとっては敷居が高いと思いますが、海外の人は率直で、意見や批判をオブラートに包まず投げかけてきます。けれどそれは議論することが前提なだけであり、悪気があるわけではありません。よってこちらも思ったことをはっきりと言うことができます。思ったことをそのまま言えるというのは気持ちのいいことですし、ビジネスをよりよいものにするためには必要なことです。結果言い合いになることも少なくありませんが、当然のプロセスなのでそのことをお互いパーソナルに取ることもなく、この議論によって関係が悪くなるということはまずありません。

　ミーティングで何よりも大事なのは、発言をすること。発言をしない＝仕事をしていない、やる気がない、とみなされてしまいます。「発言

は多ければ多いほどいい」と思っている人も多く、それがゆえに、要領をえない話を発言し続ける人もよくいます。それでも、全く発言しない人よりは高く評価されます。

また、「これをできますか？」と聞かれたとき、「たぶん大丈夫です」と答えてしまうと、自信の無さと捉えられて仕事に繋がりません。正直100%の自信はなくても、自信過剰気味で対応します。

そのため気をつけなければいけないことといえば、人を雇う側になった場合、出来ないことでも出来ると言ってくる可能性が高いので、具体的で専門的な質問をすることによって見極める必要があります。

専門性

アメリカでは専門性を重んじられます。「何でもそつなくこなせる」ことは強みではありません。より専門性を求められるので、例えばデザイナーがプラスになると思って「コピーライティングや校正、プログラミングもできます」とマルチぶりをアピールすると逆効果になります。

日本の社会では総合力、つまり何でもそつなくこなせる人が重宝がられます。会社内で社員を異動させるジョブ・ローテーション制度が多く取り入れられているのもその理由のひとつかもしれません。

そのせいか、アメリカのマーケットでビジネスを広げようとする日本企業でよくみられるのが、日本のこの総合的になんでもする、という日本のやり方をそのまま持ってきてしまうことです。アメリカは非常に専門性が重視され、職業も細分化されています。

例えば、企業で働くグラフィック・デザイナーの仕事。グラフィック・デザイナーはデザインをするのが仕事なので、デザインが仕上がると印

刷会社に入稿するファイルはメカニカルをつくる専門の人が別にいて入稿データを作成します。そして、印刷会社から見積もりをとり、その印刷物に一番適した印刷会社を選び、やりとりするのはこれまた別のプロダクションの専門家です。

　私たちがお手伝いをした日本の教育セクターの企業で、これに関連した失敗例があります。この新しいブランドに関わる商品説明など全ての文章をつくるときに彼らが雇ったのは、アメリカの大学生でした。通常ならば、文章をつくる際はその分野専門のライターを雇い、文章が書き終わったら校正専門のProofreaderを雇い、全てのスペルや文法をチェックしてもらいます。しかも教育機関でしたら、そこで読まれる文章は最も重要な要素です。私たちもそのことは何度も説明しましたが、「日本ではいつも自分たちでやっている」という理由で、日本語で書いた文章を、英語のできる（といっても留学経験も海外で働いた経験もない）日本人コーディネーターにその文章を英訳させ、それを現地で雇った英語が母国語のアメリカ人の大学生にネイティブチェックをさせていました。

　もちろん結果はひどいもので、文法もスペルも間違いだらけのプロフェッショナルの教育機関としてはありえないレベルの文章でした。私たちとしてもクライアントのビジネスを成功させるのがゴールであり、話を聞いてもらえないのでは仕事にならずお断りしました。その後、ウェブサイトや出版物もこのままの文章を使用し、半年もしないうちに業績不振で撤退となりました。

　これは随分前の話ですが、この例を見てもわかるように日本のやり方は海外では通用しません。海外のビジネスのプロセスに従い、高いクオ

リティの専門家をきちんと雇うことは、ビジネスを成功に導く上で必要不可欠です。

契約と訴訟

よく言われる通り、アメリカは契約社会です。何をするにもきちんとした契約なしでは物事が進みません。日本のように、信頼関係のなかで問題などを対処していく、という感覚は一切ありません。こちら側から契約書について切り出すのはクライアントに失礼ではないかと思う人が日本には少なくないかもしれませんが、**アメリカでは逆に契約書なしで進めようとすると、不審がられてもおかしくありません**。特にデザイン系はその性質上、曖昧な部分が多いので、細かい部分まで詰めておく必要があります。

そしてアメリカは訴訟社会でもあります。私たちにも弁護士を雇って訴訟直前まで進めた経験があります。それを防ぐための契約書であるにも関わらず、平気で契約内容を破ろうとする人がたくさんいるのです。もちろん、契約書にサインしている限り圧倒的にこちらが有利なので本格的に訴訟に発展したことは幸いながらありませんが、やはりそれだけ契約書の重要性が高いといえます。そして訴訟は弁護士次第。弁護士もできれば、その国のその分野に長けている評判の良い弁護士を雇うのがベストです。

愛すべきめんどくさい人

　私たちはプロジェクトの種類やクライアントのニーズによって、よく外部のプロフェッショナルたちとチームを組みます。

　ネットワークのなかでそのプロジェクトにあった人をアサインしますが、HI（NY）設立当時から、外部パートナーとしてずっと関わっている人たちもいます。

　ラグジュアリー・プロパティのブランド・マーケティング戦略のプロであるBさんもその中のひとり。トルコ出身のBさんは、NYU、コーネル大学、ハーバード大学でブランド・マーケティングを学び、さまざまなラグジュアリーブランドでブランドマーケティングを極めてきた、才色兼備かつチャーミングな女性。いつも色々なプロジェクトを持って私たちのところにやってくるのですが、彼女のプロジェクトをやると必ず喧嘩が勃発します。そして、毎回私たちは「絶対次は断ろう！」と心に固く誓うのですが、彼女のチャーミングな笑顔の"PLEEEEEASE！（おねがーーーい！）"に毎回ほだされ、かれこれ11年間一緒に仕事をしています。

　先日もマイアミのホテルリゾートのブランディングで、案の定問題が勃発するのですが、なぜあれほど怒って消耗するのに、私たちは彼女と仕事を続けてしまうのだろう、という話になりました。

　私たちが彼女に対して怒ってしまうポイントは2つあり、1つは指示やコミュニケーションが間違っていたり要点を得ず無駄が多かったりすること、もう1つは小狡いことをしようとすること。彼女のブランド・マーケティング戦略はスマートでわかりやすく要点を押さえており、さすが第一線のプロというクオリティ。しかし日々のコミュニケーションははちゃめちゃです。もちろん私たちもこのコミュニケーションについて文句は言いますが、クライアントに出す成果物のクオリティが高いので、この点は我慢我慢。問題は小狡いことをしようとすること。

例えば、ダメだといっても激しく交渉をしようとすること。もう絶対に引きません。そして結局私たちが色々と譲歩することになってしまいます。私たちもニューヨークに長年暮らしているとはいえ、心は日本人。交渉して値切る文化に育っていませんし、ましてや断っても断ってもネゴシエーションしてくるのはもう苦痛以外の何物でもありません。つい「もうしょうがないからいいよ……」という風になってしまいます。

あきらかに私たちが嫌がっているのが伝わっていると思うのですが、彼女はまったく悪びれず天真爛漫に "Thank you so much! I love you guys!" と返してきます。はじめは、天真爛漫なふりして騙そうとしているのではないかと邪推もしました。しかし他のトルコ人の友人たちが言うには、トルコでは交渉をすることは当たり前のことであって、全く悪いことではないし、むしろしないほうがおかしい、とのこと（全てのトルコの人がそういう考えかはわかりませんが）。つまりこれは文化的な違い、カルチュアル・ギャップであってパーソナル・ギャップではないということ。コミュニケーションの要点を得ないのはパーソナル・ギャップですが、我慢できないほどではないし、よくある話です。そして、「小狡い」と感じることはあくまで私たちの日本人としての主観であって、トルコで育った彼女からすればリスペクトがないわけでも非常識なことをしてるわけでもなく、ごくごく自然なこと。

私たちも普段の彼女は大好きですし、次のプロジェクトは怒らず、もしくは交渉で勝てるように頑張ってみようと思います。

4

消費者の想像力や人の能力を信じる

　日本のドラッグストアのようなマス向けの店舗に入ると、商品パッケージの文字情報が驚くほど多く、タイポグラフィーやレイアウトも主張していて商品が大きな声で叫んでいるような印象を受けます。そしてそれらは部屋に置きたくないデザインがほとんど。必要だと思う文字情報をとにかく全て入れてしまっているようです。もちろん、商品の世界

観などといったものは全く出ておらず、しかも全ての商品が同じような方向性で主張しているので、全く差別化できていません。

　例えば洗濯洗剤。本来、衣類などを洗ってきれいにするための製品であり、クリーンで清潔感のある印象を消費者に与えるべき製品だと思いますが、どのパッケージも清潔感とは程遠いデザイン。ビジュアルが買って買ってと主張しているようでグラフィックなどの要素も多くせめぎあっているため、せっかく洗った衣類が汚れてしまいそうな印象です。

　あなたは、この洗濯洗剤をランドリールームにおいて毎日使いたいでしょうか？　おそらく、スタイルを持って暮らしている人たちは、価格が高くても小さなブランドや海外ブランドのパッケージの素敵な洗剤を購入しているか、詰め替え用のシンプルなパッケージを別に購入して詰め替えているのではないでしょうか？　これには、環境負荷もかかりますし手間もお金もかかります。それよりも部屋に置いても気分があがって、洗濯が楽しくなるような素敵なパッケージデザインの洗濯洗剤をつくれば良いのですが、日本ではそれがありません。

　これは、消費者の想像力や感覚を信じていないから起こってしまうのではないでしょうか。ブランド側がとにかく全部説明しないと消費者は理解できない、伝わらないと思っている。私たちは日本の消費者はもっと繊細な感覚を持っていると思います。行間を読むことが美徳とされる文化を持つ日本人、ユニークな商品を開発する能力の高い日本人の想像力は素晴らしいはず。全部を説明しなくても、直感を生かしその製品の世界観が自分に合っているかを判断できるはずです。

　これは日本のレストランなどの接客業でもいえることです。マニュア

ルやルールがたくさんあり、個人の裁量や臨機応変さといった人間らし
い遊びがなく、マニュアル外のことが起きると対応できません。これ
は、責任問題の所在もあると思いますが、企業側が従業員個人の能力を
信じていないからではないでしょうか。細かいマニュアルで縛らなけれ
ば、一定のパフォーマンスが得られないと思っているようです。これで
は個性や能力やクリエイティビティといったその人らしさが活かせませ
ん。これからAIの導入が著しく増加する時代、人間の最大の強みはそ
の人らしい個性とクリエイティビティなのです。そして、グローバルに
ビジネスをするときの最大の武器は個人の人間性や能力です。

5

意思決定のスピードアップと効率性の重視

　日本の企業とビジネスをした海外企業の人々からよく聞く苦労話。そのほとんどが日本企業の決定の遅さと効率の悪さです。あまりの日本企業のプロセスの遅さにビジネスを断念した会社もあるほど。

　クライアントが企業の場合ですが、アメリカは意思決定がスピーディです。その理由は社員にも決定権を託してある会社が多いため、意思決

定のプロセスが合理的で無駄がなく早いのです。それに比べ、日本企業では一般的に、最終決定権をもっている人物にリーチするまでの承認プロセスが長く、下の役職から順に上へと意思決定がされていきます。その都度修正があったり、会議があったり、補足資料を用意したりと、各段階での承認が出るまでにかなりの時間と労力が費やされます。しかも、この長い承認プロセスをくぐり抜けても、最終決定権をもつ人の決定次第で全てがひっくり返ったりもします。これは非効率かつスピードダウンの原因です。おまけにそのようなことがあるとモチベーションまでダウンしてしまいます。日々新しいビジネスが生まれ、スピードが重要なグローバルビジネスにおいては、これではビジネスチャンスを失ってしまいます。

　次に効率の悪さ。あまり意味のないミーティングが多く、メール、ビデオ通話、電話などで済むことも、日本では対面のミーティングを好むことが非常に多い。そして不必要に参加人数が多いこともしばしば。しかもミーティングテーブルにいて一度も発言しない人がほとんどです。これほど無駄な時間があるでしょうか？

　ビジネス上の人間関係は非常に重要です。良いラポール（信頼関係）を築くためには直接会って話すことは大切だと思います。しかしながら、これは不必要に長いミーティングで時間を割くこととは違います。その時間を有効利用し、効率よく業務を終え、その分の時間を自分のためのキャリアアップの時間として使うほうが会社にとっても社員にとってもプラスになるのではないでしょうか。受け身ではないプロアクティブな人材の育成にもつながります。

　特に海外のビジネスパーソンは合理性を重んじる傾向が強く、非効率

＝仕事ができない、という風に捉えられがちです。会社や社員のために
も、ビジネスをする相手にとっても、何がゴールかを考えて無駄なく効
率よくビジネスをすることは重要です。

6

クリエイティブな人材を育成する

　良い大学に行き、大企業に入れば、年功序列で安泰、という時代は終わりました。

　目まぐるしく変化する時代を柔軟に豊かに生きていくために必要なもの、それはクリエイティビティです。クリエイティビティとは、創造力や独創力のこと。想像する力や自分独自の考え方を通して、何かをつく

り出すこと。**クリエイティビティは特別な人が持っている能力ではなく、誰もが持っているものです。**礎になっているのは、経験や感受性、感性などでキーワードはオリジナリティ。なぜなら、世界中どこを探しても、自分と全く同じ考え方や感じ方をし、全く同じ経験をして生きてきた人はいないからです。ですので、その唯一無二の存在から独自のやり方で出てきた考えは、絶対的に差別化された誰にも真似のできない資産なのです。洞察力、分析力、想像力を備え、柔軟な思考のできるクリエイティブな人材の育成は、日本の若い世代にとっての大きな課題だと言えます。

　それには、**自分らしくあることと、グローバル・マインドセットをもつこと**、この2つが特に重要だと考えます。

　日本で感じるのは、日本は個性を尊重する社会ではないということ。常に社会からのプレッシャーがあり、自由に表現することが難しい社会だと感じます。少しでも他と違っているとひどく批判され、一度失敗するとセカンドチャンスがありません。

　ニューヨークで暮らしていると感じるのが、ここではとにかくわがままな人が多いこと。しかしその分、他の人のわがままも尊重し、みんながのびのびとワイワイガヤガヤ共存している印象があります。

　インターネット、SNS、ITの進化により、世界と日本の敷居がどんどんなくなり、世界が身近になってきています。特に若い世代は、国というセグメントではなくもっと世界が一単位と考えるグローバル・シチズンとして助け合って生きていかなくてはいけない時代に突入しています。そして、グローバルに生きていくなかでもっとも必要なものは「自分らしさ」です。これが全ての土台だと思います。社会やまわりの人が定義

する一般論としての「幸せ」ではなく、自分が本当に求めている「幸せ」のために、自分の足で立って、自分の心に従って生きていくことが、これから必要なことだと思います。

　ニューヨークでは皆「自分らしく生きること」を重要視しており、多くの人が時間と労力を費やします。日本での心療内科や心療カウンセリングなどはいまだタブーな印象があり浸透していませんが、子ども時代の経験やトラウマなどから生きにくいと感じる人は非常に多く、それを克服するために心理療法のカウンセリングやセラピーなどに通うことや、日々の心の重荷を軽くするのにプロの助けを得ることはいたって普通のことです。自分の痛みは他と比べられるものではありません。日本で耳にするようになったマインドフルネスなども、自分らしく生きるための手段です。

　去年、アイビーリーグとしてハーバード大学とならぶ、イエール大学の大学史上最も生徒の集まった講義がありました。それはポジティブ心理学、幸せになるための心理学の授業でした[※]。

　和を慮るのは美しいことです。しかし、まずは自分を大切にし自分らしく幸せに自分軸で生きられるようになってはじめて、他の人や社会を思いやれるのではないでしょうか。

　これからさらなるグローバル化が進み、変化の激しい時代になっていきます。その波にのって柔軟に豊かに生きていくために、自由に表現することが怖くない社会で、のびのびとした個性とクリエイティビティを育んでいくことが、日本のこれからの大きな課題だと思います。

※ 参考
https://www.nytimes.com/2018/01/26/nyregion/at-yale-class-on-happiness-draws-huge-crowd-laurie-santos.html

おわりに

　ブログHI（NY）LIFEを読んでくださった編集者の古下さんから、ブランディングに関する書籍執筆のお話をいただいたときは大変驚きました。長年ブランディングを仕事としてきましたが、ブランディングの書籍はマーケターやコンサルタントが出すものだと思っていたからです。まさか自分たちにこんなお話がくるとは思ってもみませんでした。デザインやアートブックならまだしも、私たちがビジネス書籍を書けるのかしら？というのが正直な気持ちでした。しかし、古下さんの出版テーマである「外にいるからこそ見える日本人の知らないこと、知っておいたほうがよいこと」という視点は、日本で仕事をはじめた私たちが、いまの日本人に必要なものだと感じていたことでした。そこで、微力ながら日本の中小企業の経営者、そしてビジネスリーダーのみなさまに私たちの外からの目線や経験を少しでも役立ててもらえたらとの思いから、この本を書くことにしました。

　日本を見ていて不安になることがあります。

　グローバル化、国際化という言葉をよく聞きますが、日本は国際化の波に完全に乗り遅れています。残念ながら、海外の人々がビジネスをする土壌が整っていません。日本でビジネスをしようとする海外企業や、グローバル化に向けて日本企業をサポートするべく雇われた海外からの素晴らしい人材も、あまりにドメスティックで日本的なビジネス文化に

馴染めず、去っていきます。せっかくのチャンスがあっても深い意味でのグローバル化ができなければ意味がありません。郷に入っては郷に従えということもあるでしょう。もちろん残すべき日本のビジネス文化もあると思います。しかし、他国の急激な国際化の度合いと日本の閉じた様子をみているとこのままではいけないと感じます。「グローバル化なんてしなくてもいいのではないか。今まで通りでよいのではないか」という声もちらほら聞きます。今はまだなんとかやっていけるかもしれません。しかし将来、少子化が進む日本の子どもたちが大人になったとき、否応なくグローバルマーケットで戦わなくてはならない日がきます。そしてそのとき、世界標準をはるかに下回るハンデを、彼らは多大なる努力で覆していかなくてはなりません。これはいまの私たち、日本の大人が責務を果たしていなかったということだと思います。

「ブランド」という形をもたない資産をつくりあげる「ブランディング」の実態や必要性を理解し、すぐには見えないゴールに向かって進む道を選ぶのは、経営者や担当者にとって勇気のいる決断だと思います。しかし、ブランディング、特にグローバル・マーケットでのブランディングが日本の企業にとって必要な経営戦略であることはまちがいありません。縮小し続ける日本のマーケットだけでは十分ではないのです。

　この本は、「はじめに」にも書きましたが、クリエイティブの視点からマーケターの書いた難しいブランディング書籍より気軽に、そして、デザイナーの書いたブランディング書籍より実践的に読んでもらえるようにつくりました。日本国内の中小企業にあてはまるように書きました

が、全てグローバル・ブランディングにも応用できるものです。

　もっと深く説明が必要なところも多々ありますが、ブランディングをしようかな、ブランディングとはこういうものか、というきっかけになれば幸いです。

　最後になりましたが、初めての書籍という難関を、私たちの思いを理解し、心のこもった丁寧なサポートを全力でしてくださった編集者の古下頌子さん、クロスメディアの小早川社長、スタッフのみなさま。こんな素晴らしい機会をくださって、感謝してもしきれません。どうもありがとうございました。

　そして、いつも励まし支えてくれた両親、姉、友人たち。特に、全く書けなくなってパニックを起こしているときに、突破口に導いてくれた父。この大変な時期に私を励まし、子育ても引き受けサポートしてくれた夫。本当にどうもありがとう。

Our deepest gratitude to Yuu, Laura, Yuga, Stacy, Deklah, Toshi, Giorgio, Gianni and David.

　未来の子どもたちが場所を選ばず自分らしく心豊かに生きる選択肢が増えるきっかけとなり、元気付けられるような日本のビジネスが増えていくことを願って。

【著者略歴】

小山田 育 (Iku Oyamada)

渡邊 デルーカ 瞳 (Hitomi Watanabe-Deluca)

HI（NY）共同代表。
クリエイティブ・ディレクター / アートディレクター / グラフィックデザイナー
NY の美術大学 School of Visual Arts グラフィックデザイン科を卒業。MTV、ブランディング・エージェンシーの The Seventh Art を経て 2008 年、HI（NY）を設立。近年の主な仕事に、米国コカコーラの新商品ブランディング＆パッケージデザイン、国連の展覧会デザインなど。アトランタの High Museum やパリのコレットにて展覧会に参加。One Show、Graphis、GD USA など多数受賞。AIGA 会員、NY アートディレクターズクラブ会員。

hinydesign.com
hitomiwatanabe.com

ニューヨークのアートディレクターがいま、日本のビジネスリーダーに伝えたいこと

2019 年 4 月 21 日　初版発行
2019 年 8 月 23 日　第 4 刷発行

発 行　株式会社クロスメディア・パブリッシング

発 行 者　小早川 幸一郎
〒151-0051　東京都渋谷区千駄ヶ谷 4-20-3 東栄神宮外苑ビル
http://www.cm-publishing.co.jp
■ 本の内容に関するお問い合わせ先 ……………………… TEL (03)5413-3140 / FAX (03)5413-3141

発 売　株式会社インプレス

〒101-0051　東京都千代田区神田神保町一丁目 105 番地
■ 乱丁本・落丁本などのお問い合わせ先 …………………… TEL (03)6837-5016 / FAX (03)6837-5023
service@impress.co.jp
（受付時間　10:00 〜 12:00、13:00 〜 17:00　土日・祝日を除く）
※古書店で購入されたものについてはお取り替えできません
■ 書店／販売店のご注文窓口
株式会社インプレス　受注センター ……………………… TEL (048)449-8040 / FAX (048)449-8041
株式会社インプレス　出版営業部 ……………………………………………………… TEL (03)6837-4635

カバー・本文デザイン　渡邊 デルーカ 瞳・小山田 育（HI (NY)）　印刷・製本　中央精版印刷株式会社
デザイン協力　金澤浩二（cmD）　DTP　荒好見（cmD）
ISBN 978-4-295-40295-4 C2034
©Iku Oyamada, Hitomi Watanabe-Deluca 2019 Printed in Japan